我国农村财政扶贫资金投入与运行机制的优化问题研究

刘天琦　著

中国财经出版传媒集团

经济科学出版社

Economic Science Press

图书在版编目（CIP）数据

我国农村财政扶贫资金投入与运行机制的优化问题研究/
刘天琦著. —北京：经济科学出版社，2020. 12
ISBN 978 - 7 - 5218 - 2301 - 1

Ⅰ. ①我…　Ⅱ. ①刘…　Ⅲ. ①农村财政 - 扶贫资金 -
研究 - 中国　Ⅳ. ①F812. 8

中国版本图书馆 CIP 数据核字（2020）第 268479 号

责任编辑：于海汛　李　林
责任校对：隗立娜　孙　晨
责任印制：李　鹏　范　艳

我国农村财政扶贫资金投入与运行机制的优化问题研究

刘天琦　著

经济科学出版社出版、发行　新华书店经销

社址：北京市海淀区阜成路甲 28 号　邮编：100142

总编部电话：010 - 88191217　发行部电话：010 - 88191522

网址：www. esp. com. cn

电子邮箱：esp@ esp. com. cn

天猫网店：经济科学出版社旗舰店

网址：http：//jjkxcbs. tmall. com

北京季蜂印刷有限公司印装

710 × 1000　16 开　10 印张　170000 字

2021 年 2 月第 1 版　2021 年 2 月第 1 次印刷

ISBN 978 - 7 - 5218 - 2301 - 1　定价：42.00 元

（图书出现印装问题，本社负责调换。电话：010 - 88191510）

（版权所有　侵权必究　打击盗版　举报热线：010 - 88191661

QQ：2242791300　营销中心电话：010 - 88191537

电子邮箱：dbts@ esp. com. cn）

前　言

改革开放以来，我国实施大规模扶贫开发，帮助 7 亿多农村贫困人口摆脱绝对贫困，谱写了人类历史上的辉煌篇章，也成为全球最早实现联合国"千年发展目标"的发展中国家。国家扶贫工作的顺利开展，离不开财政扶贫资金对贫困事业发展的巨大支持。但是近年来，随着脱贫攻坚进一步开展，致贫原因呈现的综合化、复杂化特点，导致尚未脱贫的贫困群体成为扶贫工作开展的"硬骨头"；另外财政扶贫资金项目的"精英俘获"导致扶贫资金"不扶贫"的现象也日益突出。作为贫困地区的主要资金供给来源，有限的财政扶贫资金如何高效地解决这些问题成为政府和社会关注的重点。党的十八大以来，"精准扶贫"基本战略思想的提出，为新时期的扶贫工作开展指明了方向，在"精准扶贫"战略思想的指导下，财政扶贫资金如何精准化地"啃硬骨头"、解决扶贫资金"不扶贫、不精准"的现象问题，关键在于从根本上发现、解决资金内部运行机制中可能产生这些现象的问题和原因，以及处理好与之密切相关的社会扶贫资金—外部机制的配合运行关系，因此，如何发现、解决这些问题和找出原因、协调好关系成为本书研究的重点内容。为此，本研究开展的主要工作有：

首先，构建优化财政扶贫资金投入与运行机制的理论框架体系。社会扶贫资金是政府主导的扶贫工作的有益补充，社会主义市场经济制度下，财政扶贫资金与社会扶贫资金的配置运用，关系到政府与市场资源配置职能的合理分工。因此，对财政资金投入与运行机制的研究，除包括对资金投入、管理、分配、拨付和使用、绩效评价等内部机制的考察，还包括对社会扶贫资金为主的外部机制是否充分发挥扶贫作用的评估。基于此，本研究对资金投入与运行机制的核心要旨、基本内涵进行了详细阐述，以政府与市场职能分工的公共产品理论、公平与效率理论为依托，以公共选择理论、委托代理等市场相关理论为指引，探讨了政府如何更好地发挥财政扶贫资金的职能，并结合实际国情提出优化资金运行机制的现实必要性，为下一步深入分析提供了理论与现实依据。

其次，剖析了财政扶贫资金投入与运行机制存在的主要问题与原因。为更深入地分析机制问题，按照资金运行机制各环节的特点，结合我国现实国情，明确了以区域化资金投入结构、多层次资金管理体系、因素法的资金分配、项目式的资金拨付与使用、问题导向的资金绩效评价的资金运行体系。另外结合理论与实践基础，深入剖析了财政扶贫资金投入与运行机制中存在的扶贫资金使用问题的表现和深层次原因，并提出问题的存在势必会影响运行机制效率的论题。

再次，实证模型验证了财政扶贫资金投入与运行机制效率未优的状态和影响效率未优的主要因素。采用 PCA 主成分分析法、DEA 支出效率方法，从产出结构和投入结构两个维度，利用最新数据实证检验得出了以下主要结论：（1）贫困地区所涉省份和不同时期的财政扶贫资金投入与运行机制效率均存在未达到最优的状态，机制中投入目标瞄准偏离贫困群体、科层间管理机制的损耗等问题是降低机制效率、制约效率无法达到最优的主要原因；（2）社会扶贫资金的参与能提高资金整体机制的扶贫效果。此外，本书搜集并整理了以美国、韩国、巴西和孟加拉国为代表的国家在政府反贫困资金投入与运行机制方面的经验，发现四国在资金投入满足扶贫目标需求、资金管理的法律和机构建设、资金使用主体素质提高以及社会组织带动脱贫方面的经验，对我国财政扶贫资金投入与运行机制的优化提供借鉴思路。

最后，提出了优化我国农村财政扶贫资金投入与运行机制的对策建议。财政扶贫资金投入与运行机制的优化目标是更精准、有效地满足贫困群体的资金需求，最终实现持续、稳定、多元的资金脱贫机制。因此，在国家"精准扶贫"战略思想指导下，结合我国财政扶贫资金投入与运行机制存在的困境，总结国际经验，从实际出发，对财政扶贫资金投入与运行机制进行优化是十分必要的，也是对下一步财政资金支持脱贫攻坚衔接乡村振兴具有重要借鉴意义。本书结尾处，从扶贫资金投入目标、资金管理分配体系、资金使用利益连接、所涉主体人力资源提升、资金绩效评价体系、多元社会力量参与六个方面，提出了解决财政扶贫资金投入与运行机制现存问题的针对性优化措施。

目　录

第1章

导　论

1.1　研究背景与意义

1.1.1　研究背景

贫困问题是人类社会一切不幸的根源，是人类社会政治、经济、文化发展不平衡，以及地理生态和自然资源差异、个体禀赋差异等因素造成的人类物质和生活资源匮乏的综合现象。随着全球经济高速发展，资源、基本公共服务分配不均等突出问题加剧了地区间的贫富差距，严重制约了全球政治、经济、社会的稳定及可持续发展。贫困、人口、环境问题也是世界发展面临的三大主要问题，贫困地区环境日趋恶劣、贫困人口分散、贫富差距范围广等问题严重制约着全世界的共同发展。2013 年，世界银行提出"消除贫困，共享经济繁荣"的目标，计划在 2030 年实现全世界消除贫困；2015 年，联合国发展峰会提出了 2016 年后将以"减贫"为各国联合解决的首要问题；2017 年，世界银行、联合国粮农组织及中国国际扶贫中心等多国及国际机构召开扶贫国际论坛，分享全球消除贫困的模式和具体做法；2019 年，联合国开发署发布《全球多维贫困指数》，对"2030 年全球范围内消除一切形式的贫困"这一目标的落实情况进行了评估。可见，贫困问题已逐步成为全世界关注的重要议题。

改革开放初期，我国存在较大规模的贫困现象：1978 年，按照当时的贫困标准，全国仅农村贫困人口高达 2.5 亿人，占全国人口总数的 21%，农村贫困发生率更高达 30.7%。贫困问题一度成为制约我国经济、区域稳定和发展的重要因素，因此，为解决贫困人口问题，推动经济的持续、均衡发展，开展扶贫工作成为我国政府减少贫困，推动经济发展、缓解区域发展不稳定的重要途径。1986 年，我国成立了国务院贫困地区经济开发小组（1993 年更名为国务院扶贫开发领导小组），并先后制定了对扶贫工作开展具有重要指引作用的《国家八七扶贫攻坚计划（1994～2000 年)》《中国农村扶贫开发纲要（2001～2010 年)》《中国农村扶贫开发纲要（2011～2020 年)》等规划纲要，提出了国家政府在扶贫工作中应发挥重要作用，由政府提供财政扶贫资金用以支持贫困地区、贫困人口发展生产。随着财政扶贫资金的不断投入，农村扶贫工作也初见成效，农村贫困人口大幅度减少，贫困面貌发生显著变化：按照 2011 年我国政府人均纯收入 2300 元（2010 年不变价）的贫困标准，农村贫困人口从 1978 年的 7.7 亿人减少到 2015 年的 5575 万人，减贫人口达 7.1 亿人，减贫幅度高达 92%。但是，随着贫困人口规模的缩减，扶贫难度却逐渐增大，截至 2015 年末，我国仍有 14 个集中连片特困地区、592 个国家级贫困县、12.8 万个建档立卡①贫困村、2249 万贫困户、5575 万贫困人口，这些贫困地区普遍存在连片特困地区范围广、贫困人口分散和内生动力不强等扶贫棘手的问题，按照 2016 年 11 月国务院颁布的《"十三五"脱贫攻坚规划》的要求，在现有扶贫标准下，2020 年内实现建档立卡的贫困户全部脱贫、贫困村和贫困县脱贫"摘帽"的国家任务将十分艰巨。

2015 年，中央农村扶贫工作会议在北京召开，会议强调了我国应逐渐从解决温饱向巩固温饱成果任务方向转移，扶贫工作中应以改善贫困地区生态环境、提高贫困人口自我发展能力和缩小城乡贫困差距为重点任务，促进农村贫困人口基本生活、基本公共服务得到有效保障，实现贫困地区农民人均可支配收入不低于全国平均水平的目标，以及实现 2020 年建成全面小康社会的伟大奋斗目标。为实现该目标，会议提出了中央与地方各级政府还应加大财政扶贫资金支持的力度，精准扶贫目标，打赢脱贫攻坚战。2016 年，第十二届全国人民代表大会第四次会议上，李克强在《政府工作报告》中，肯定并再次强调了政府在扶贫工作中的重要作用，提出

---

① 2014 年 4 月，根据国务院文件精神，国务院扶贫开发领导小组办公室制定了《扶贫开发建档立卡方案》，要求在国家农村扶贫识别标准的基础上，各省、自治区、直辖市于 2014 年底前建立贫困户、贫困村、贫困县和连片特困地区电子信息档案，建立全国扶贫信息网络系统对贫困户识别和统一管理。

为加快推进扶贫工作的顺利开展，将增加43.4%的中央财政扶贫资金投入。2017年，财政部先后颁布了《中央财政专项扶贫资金管理办法》和《财政专项扶贫资金绩效评价办法》，以加强财政扶贫资金管理，进一步提升扶贫资金使用效益。

由此可见，近年来，我国扶贫工作的开展越来越受到党和政府的重视，同时，政府也肯定了财政资金在扶贫工作中的重要作用，并认同未来扶贫工作的顺利开展仍离不开政府财政资金的重要支持。对于扶贫工作而言，贫困自有的公共属性赋予了财政资金在扶贫开发工作中不可替代的角色和作用，但现实角度而言，随着我国经济从高速发展到中高速发展的转变，经济发展的减速导致了财政收入来源的缩减与收入水平的降低，为促进国家经济发展和各项职能的正常运转，政府采取了扩大财政支出规模的积极财政政策，用以支持促进各项事业发展，财政支出规模的不断扩大与财政收入来源的紧缩势必要求政府提高资金的使用效率。另外，在政府扶贫工作的开展过程中，同样面临着扶贫难度随着贫困人口的规模与数量不断减少而逐渐加大，财政扶贫资金投入总量需求增加的现状，但在现有的财政扶贫资金规模增长有限的情况下，必须考虑到如何发挥财政扶贫资金的最大效用和最高效率从而帮助贫困地区脱贫与不返贫。

在长期的学术研究过程中，多数研究充分肯定了财政扶贫资金投入与运行在扶贫工作中取得的成效和重要作用，针对财政扶贫资金在投入与管理运行环节中存在的问题，如投入资金有限，资金管理不足引起的扶贫效果不佳、效率亟待提高等，提出了相关改进的建议，但对于财政扶贫资金整体运行环节的具体分析，如财政扶贫资金投入、分配、拨付和使用的内部运行环节、与其他扶贫资金运行的外部比较等研究却十分有限，而整体运行环节和机制存在的制度缺陷与问题在一定程度上制约和限制了财政扶贫资金投入目标的有效、精确性瞄准，不仅降低了针对贫困地区和贫困农户扶贫资金的支持作用与减贫效果，也与我国开展精准扶贫工作的目标不一致，因此，为更好地促进财政扶贫资金在扶贫工作中的运行效果，充分发挥财政扶贫资金帮助贫困地区和贫困农户的脱贫与防止返贫作用，开展农村财政扶贫资金投入与运行机制整体方面的研究是十分必要的。

1.1.2 研究意义

长期以来，我国财政扶贫资金主要采用自上而下的供给机制，诚然，处于社会主义初级阶段运行的农村财政扶贫资金，随着贫困地区和贫困人口逐年变化而展现的差异性与多样性，在投入与运行过程中必然存在一些不足，但它也只有在发展中才可能逐步地规范和提升。那么，在我国大规模利用农村财政扶贫资金推动贫困地区和贫困人口脱贫的背景下，农村财政扶贫资金投入与运行机制的状况如何？存在什么样的问题？产生问题的原因是什么？产生的问题是否影响运行机制的效率？怎样优化已有的运行机制？针对以上问题，本书通过对农村财政扶贫资金的内部机制（投入机制、管理机制、分配机制、拨付和使用机制、绩效评价机制）和外部机制（市场体制下的其他扶贫资金运行机制）进行系统的分析和研究，对其运行状态给予评判，找出其运行机制存在的问题与原因，并提出优化的对策与建议。因此，本研究所具有的理论与现实意义主要体现在以下几个方面。

1. 有助于实现帮扶贫困群体的基本目标，实现社会公平

农村财政扶贫资金的投入是实现帮扶贫困群体的主要方式之一，资金重点服务于国家贫困标准下的贫困群体与应用于贫困主体的扶贫项目，通过直接补助贫困群体，或者通过扶贫项目改善贫困群体生存、生产环境，培育贫困群体的自我发展能力，实现贫困群体的脱贫。因此，从某种程度上来说，财政扶贫资金是一种较为直接的扶贫方式，对于弥补市场经济中贫困群体因资源匮乏而产生的社会不公现象具有很好的缓解作用，同时，对推动农村经济的发展、社会的进步也具有十分重要的作用。

从人类贫困的角度来看，对农村财政扶贫资金投入与运行机制进行优化研究在反贫困方面的意义也尤为重大。在财政扶贫资金投入与运行过程中，一方面将资金直接投向缺乏生产劳动能力的贫困群体，直接解决了因资金贫困而难以生存的问题；另一方面将资金投入贫困群体扶贫项目中，帮助改善贫困群体的生存、生产环境和生产经营方法，逐步增强贫困农户的自信，激发贫困农户自身潜能，以走出可持续的反贫困道路。而对农村财政扶贫资金投入与运行机制的优化问题研究，通过分析、发现和解决财政扶贫资金投入贫困个体和扶贫项目的现状和存在的问题，从而更为精准地提升资金对贫困群体的瞄准度，使资金受益主体——贫困人群获得更好的扶持与服务，实现精准脱贫。

2. 创新农村财政扶贫资金使用手段，提高资金运行效率

国内外实践证明，农村财政扶贫资金投入与运用不仅能够直接弥补贫困主体资金的不足，还能够引导市场化的社会扶贫资金投向贫困地区与贫困群体，通过市场化的方式帮助贫困农户脱贫，对于加快扶贫开发、推动贫困地区经济发展具有重要的意义。农村财政扶贫资金投入与运行机制的优化问题研究，有助于在有限规模财政扶贫资金的约束下，通过优化外部机制——市场化的社会扶贫资金和资金投入与运行内部机制之间的关系与合作方式，进一步提高财政扶贫资金运行效率与效果。同时，从制度和运行层面发现财政扶贫资金投入与运行机制中存在的问题与原因，并提出解决问题的办法，有助于推动财政扶贫资金投入与运行机制的健康、可持续发展，以及为政府财政资金支出管理的优化和防范返贫事业的长效、稳定发展提供思路。

3. 明晰各主体之间的责任与义务，保证资金运行的安全

农村财政扶贫资金投入规模的不断增加和投向范围的逐步扩张，实际潜藏着较大的资金风险，财政扶贫资金投入宽泛，资金多层主体管理不善、挪用、滥用现象，将会严重影响财政扶贫资金的使用效果，阻碍贫困农户生产经营发展，损害和降低政府在贫困群体心目中的信用与地位，对我国政府职能的发挥与社会经济的稳定发展产生严重不利的影响。通过对农村财政扶贫资金投入与运行机制优化问题的研究，从分析资金投入与使用主体面临的风险与相应的风险监管问题，有利于明晰所涉资金主体的责任与义务，为构建完善、精准的资金管理与绩效评价机制，改进政府资金投入与运行的实践环节提供了战略支持。

4. 构建实施精准脱贫战略，实现"2020 年现行标准下农村贫困人口实现脱贫"的目标

扶贫开发工作是一个动态管理的过程，随着我国经济的不断发展和人民生活水平的逐步提高，贫困人口也会因某些原因消失或再产生，但是无论对于尚未脱贫还是已脱贫的人口而言，贫困自有的公共属性，都注定了财政扶贫资金在扶贫和防止返贫工作中不可替代的地位和作用，财政扶贫资金投入与运行是否公平与合理，效率与效果是否最优，都会影响着贫困地区的脱贫步伐与进度。如何利用财政扶贫资金引导建立长效、可持续的扶贫机制，将随着扶贫工作进入"啃硬骨头"的攻坚阶段成为重点关注的问题。因此，本研究通过探讨现行的财政扶贫资金投入与运行机制的精准性、动态性、公平性与可持续性，目标为逐步建立稳定、精准、动态与协调发展的财政扶贫资金投入与运行机制，这不仅与 2015 年中央扶贫工作会议中习近平总书记所规划的"确保贫困人口到2020年如期脱贫"的目标相符，也与构建实施"精准脱贫"战略，坚持中国制度的优势，注重扶持对象精准、资金项目安排精准、资金使用精准等要求的分类施策的策略相一致。

1.2　国内外研究综述与评析

1.2.1　国内研究综述

从国内研究来看，自1985年以来，学者们对于农村财政扶贫资金投入与运行机制的优化问题相关方面的研究涉及了农业经济发展、公共管理、农村金融等多个领域，相关文献数量逐年呈上升趋势，研究内容也日渐丰富，归结而言，学者们主要从以下几个方面对优化财政扶贫资金投入与运行机制的研究进行了探讨。

1. 财政扶贫资金的减贫作用和减贫可持续研究

财政学界，财政扶贫资金减贫作用和减贫可持续性研究主要集中于以下四个方面：

（1）提供基本公共服务产生的减贫作用与可持续性研究。任强（2009）提出公共服务贫困的概念，财政扶贫资金作为政府提供农村基本公共服务的重要手段之一，有助于缓解农村贫困个体、贫困区域和城乡之间公共产品和服务的不均等[1]。曾福生等（2013）和鲍曙光（2014）分别利用不同省份的贫困县级面板数据实证研究了财政扶贫资金投入与运行的减贫效果，论证得出对贫困县的财政扶贫资金投入能大幅提升贫困地区基本公共服务水平，减少农村地区的贫困人口数量，降低贫困发生率[2][3]。但是，财政扶贫资金的减贫效果并非一成不变，它会随贫困状况的改变发生变化[4]。部分学者从财政扶贫资金总量与结构的两个方面探究了财政扶

---

① 任强：《公共服务"减贫"：理论、问题及对策》，载《财政研究》2009年第10期。

② 曾福生、曾小溪：《基本公共服务减贫实证研究——以湖南省为例》，载《农业技术经济》2013年第8期。

③ 鲍曙光：《农村基本公共服务制度研究》，财政部财政科学研究所学术论文，2014。

④ 郭宏宝、仇伟杰：《财政投资对农村脱贫效应的边际递减趋势及对策》，载《当代经济科学》2005年第9期。

贫资金对农村减贫效应的影响，发现随着农村财政扶贫资金投入的增长，农村减贫效应却呈现递减趋势（胡绍雨，2009）[1]；秦建军、武拉平（2011）利用中国 1980～2009 年近 30 年的数据实证发现，财政扶贫资金所发挥的减贫效应在资金投入的短期内效果突出，但长期会趋于稳定且减贫效果会明显下降，为保持稳定、持续的减贫效果，政府应及时调整财政扶贫资金整体的运行机制以适应贫困状况的变化[2]。现有机制下，从长远来看，财政扶贫资金的投入所带来的经济效应会逐渐呈现出"益贫困地区"大于"益贫困农户"（张伟宾、汪三贵，2013）[3][4]，原因在于，财政扶贫资金投入建成的贫困地区公共基础设施和农业生产设施，对于具有技术、能力等先天优势的富裕农户所产生的影响效果必然明显高于技术能力不足、资金缺乏的贫困群体，即使贫困群体收入也会增加，但收入增长的幅度和程度会远低于富裕农户，这势必会扩大贫困地区不同群体之间的收入分配差距（刘穷志，2014）[5]；人均收入水平增长幅度越高，贫困越有可能与收入不平等联系在一起，同时不断扩大的收入水平差距更不利于贫困缓解，势必降低了减贫效果（攸频、田菁，2009；陈立中，2009）[6][7]。

（2）促进贫困地区的农业生产发展方面的减贫作用与可持续性。文秋良（2006）指出财政扶贫资金的投入对于农业生产发展具有最为直接的影响，通过资金投入贫困地区的农业基础设施建设，改善农业生产环境，引进农业生产技术指导，直接发放农业补贴于农户和贫困农户，都会直接有利于贫困地区发展农业生产，提高农业生产水平[8]。李小云等（2010）和张莘（2011）实证研究发现，财政扶贫资金支持贫困地区的产业发展中，第一产业的发展增速明显高于第二、第三产业，第二、第三产业增长所产

①　胡绍雨：《财政投资对我国农村反贫困影响效应分析》，载《农村经济》2009 年第 4 期。

②　秦建军、武拉平：《财政支农投入的农村减贫效应研究——基于中国改革开放 30 年的考察》，载《财贸研究》2011 年第 3 期。

③　张伟宾、汪三贵：《扶贫政策、收入分配与中国农村减贫》，载《农业经济问题》2013 年第 2 期。

④　汪三贵：《在发展中战胜贫困——对中国 30 年大规模减贫经验的总结与评价》，载《管理世界》2008 年第 11 期。

⑤　刘穷志、吴晔：《收入不平等与财政再分配：富人俘获政府了吗》，载《财贸经济》2014 年第 3 期。

⑥　攸频、田菁：《贫困减少与经济增长和收入不平等的关系研究——基于时序数据》，载《管理科学》2009 年第 4 期。

⑦　陈立中：《收入增长和分配对我国农村减贫的影响——方法、特征与证据》，载《经济学（季刊）》2009 年第 2 期。

⑧　文秋良：《经济增长与缓解贫困：趋势、差异与作用》，载《农业技术经济》2006 年第 3 期。

生的减贫效应也低于第一产业的减贫效应①②。黄词捷、石芸（2016）提出在"精准扶贫"阶段，农业供给侧改革的背景要求下，为促进现代农业的实施与可持续发展，财政扶贫资金可采用支持农村金融的新路子和新方法，促进贫困地区专业大户、家庭农场、农民专业合作社和农业龙头企业四类新型农业经营主体的发展，从而带动贫困农户脱贫，推进适度规模化的农业发展的新思路③。

（3）促进贫困地区整体经济增长的减贫作用与可持续性。王朝阳等（2012）对某省2005～2011年县级面板数据测算发现，财政扶贫资金投入对国民生产总值增加具有明显的影响，对推动农村整体经济增长具有重要的促进作用。具体表现在通过对贫困地区农业基础设施的建设，对贫困农户农业生产的大幅度财政补贴和帮扶措施，直接促进了贫困地区第一产业的发展，提高了以农业为主要收入来源的贫困农户的收入水平，进而提升了整个贫困地区经济发展水平④。周孟亮、彭雅婷（2015）提出，除财政扶贫资金支持传统农业带动贫困地区经济增长外，财政资金引导金融扶贫和建设互联网基础设施支持农村电子商务发展，是新时期带动贫困地区经济持续发展和增长的重要创新途径⑤。石树鹏、殷兵（2005）对我国2005年之前的财政扶贫资金投向进行分析，提出了利用财政扶贫资金支持贫困地区医疗、教育、科技等方面的发展，不仅可有效带动贫困地区的相关产业的发展，还会直接推动贫困地区整体社会水平的提高⑥。

（4）引导社会、市场资本向贫困地区流动的减贫作用与可持续性。胡鸣铎（2013）指出财政扶贫资金的影响不仅在于直接影响贫困地区的减贫和地区经济、社会发展的带动作用，部分省市的财政扶贫资金通过财政补贴与财政贴息等政策手段，对非政府组织（Non - Government Organization，NGO）为主的社会组织和金融机构提供贫困地区资金支持方面起到十分重

————————————

①　李小云、于乐荣、齐顾波：《2000～2008年中国经济增长对贫困减少的作用：一个全国和分区域的实证分析》，载《中国农村经济》2010年第4期。

②　张萃：《中国经济增长与贫困减少——基于产业构成视角的分析》，载《数量经济技术经济研究》2011年第5期。

③　黄词捷、石芸：《贫困户优先股：现代农业发展方式下的财政资金扶贫新路径——以崇州市王场镇东风村清源土地股份合作社为例》，载《中共乐山市委党校学报》2016年第6期。

④　王朝阳、余玉苗、袁灵：《财政扶贫与县域经济增长的实证研究》，载《财政研究》2012年第6期。

⑤　周孟亮、彭雅婷：《我国金融扶贫的理论与对策——基于普惠金融视角》，载《改革与战略》2015年第12期。

⑥　石树鹏、殷兵：《财政扶贫资金投向及使用效益问题探讨》，载《农村财政与财务》2006年第11期。

要的引导促进作用①。刘克崮等（2016）指出尤其是以金融机构为代表的部门机构，2014 年以来，我国政府为撬动金融资本对贫困地区支持作用，对服务于贫困地区的金融机构实施增值税和企业所得税减免税的优惠政策，还采取了从财政扶贫资金中划拨出财政贴息和财政补助的方式，促进了贫困地区基础设施贷款和农户小额信贷的快速发展，促进了金融资本向贫困地区的资本流动②。刘明慧、侯雅楠（2018）提出依据激励多元主体参与治理理论，我国财政减贫路向的可持续推进应逐渐从单一政府向多元政府、社会和市场主体转变，根据贫困根源和主要表现形式充分发挥各主体之间的潜在优势和作用，统筹与整合减贫资源，形成规范、多元的主体责任共担结构③。

2. 财政扶贫资金的不同运行模式比较研究

这一类研究主要是学者们对财政扶贫资金在不同运行模式下产生的扶贫效果探讨。孙文中（2013）利用新发展主义理论重新定义和划分了中华人民共和国成立以来的扶贫模式，主要包括传统扶贫模式和新型扶贫模式，不同的扶贫模式下政府财政扶贫资金所支持的方向与力度存在差异化④。以余国新、刘维忠（2010）为代表，学者们主要针对贫困现象突出的省（市、区）财政扶贫资金支持产业化扶贫模式的扶贫效果进行了比较研究，包括对产业化扶贫中农户收入影响、产业化建设、产业化融资等问题以调研报告的形式进行了总结⑤⑥⑦⑧⑨⑩。朱建华（2015）以贵州省为例，研究了以财政贴息和税收优惠为主的政府政策下，金融扶贫对贫困地区农业产业化发展具有重要的作用，建议对遍布贫困地区乡镇的农村信用

---

① 胡鸣铎：《政府部门与非政府部门贫困治理合作机制研究——以社会主义新农村为视角》，载《河北经贸大学学报》2013 年第 4 期。

② 刘克崮、沈炳熙等：《中国农村扶贫金融体系建设研究——基于甘黔贵金融扶贫案例》，载《财政科学》2016 年第 1 期。

③ 刘明慧、侯雅楠：《财政精准减贫：内在逻辑与保障架构》，载《财政研究》2018 第 7 期。

④ 孙文中：《创新中国农村扶贫模式的路径选择——基于新发展主义的视角》，载《广东社会科学》2013 年第 6 期。

⑤ 余国新、刘维忠：《新疆贫困地区产业化扶贫模式与对策选择》，载《江西农业学报》2010 年第 7 期。

⑥ 范武迪：《陕甘宁革命老区产业化扶贫研究》，甘肃农业大学毕业论文，2016 年。

⑦ 韩震：《农业产业化扶贫的政策效果及影响因素研究》，广西大学毕业论文，2015 年。

⑧ 曾毅佳：《新阶段江西省产业化扶贫对策研究》，南昌大学毕业论文，2014 年。

⑨ 黄承伟、覃志敏：《贫困地区统筹城乡发展与产业化扶贫机制创新——基于重庆市农民创业园产业化扶贫案例的分析》，载《农业经济问题》2013 年第 5 期。

⑩ 王振颐：《生态资源富足区生态扶贫与农业产业化扶贫耦合研究》，载《西北农林科技大学学报（社会科学版）》2012 年第 6 期。

社、农村合作银行、农村商业银行和村镇银行各分支机构的信贷资金采用"杠杆化"的扶贫模式，一方面有助于对层层传递、相互交叉的财政扶贫资金进行整合，另一方面更有助于因地制宜发挥特色产业带动贫困农户脱贫的重要作用①。

此外，多数学者还对政府与市场、社会资金如何更好地扶贫展开了大量的研究。林鹏生（2008）认为农村贫困地区脱贫进度缓慢的原因之一，在于当前扶贫资金供给的不足，以政府为主的单一化供给主体，制约了其他社会主体参与的积极性和社会扶贫资金的供给力度，缩小了贫困群体的资金来源范围②。郭佩霞（2012）研究发现2005年以来，政府利用财政扶贫资金购买NGO扶贫服务进行扶贫，有利于缓解政府单一扶贫机制下的扶贫边际效益递减与资金渗漏效应突出等问题，政府与NGO合作中还存在主体间扶贫模式合作不契合、非均衡发展、合作产生惯性和扶贫能力建设低等问题③。2013年以来，随着国家"精准扶贫"思想的提出，学者们更加重视财政扶贫资金与市场资金并行的扶贫模式，张海军（2017）从财政资金、信贷资金和影响产业结构等因素方面构建面板数据模型，对某省贫困县的减贫增收效应进行了实证分析，发现财政扶贫资金财税政策支持下的市场信贷资金投入，对长期提升产业结构发挥减贫增收作用的效果十分明显，建议政府提供更为全面的财税政策支持引导市场资金发挥减贫作用④。宫留记（2016）肯定了财政扶贫资金为主导，引导市场化资金发挥扶贫作用的模式，但也发现具体的扶贫实践中，存在市场力量被滥用和误用的现象，为防止此类现象的发生，提出通过制定《扶贫法》划清政府和市场边界，对市场化扶贫模式进行顶层设计的新思路⑤。

3. 财政扶贫资金投入与运行的效率研究

这方面的研究主要在2001年之后，随着前期国家一系列反贫困工作的开展，我国扶贫工作取得了显著成效，贫困人口大规模减少，但是，随

---

① 朱建华：《金融扶贫视角下欠发达地区农业产业化发展研究——以贵州省为例》，载《农村经济与科技》2015年第12期。
② 林鹏生：《农村公共产品供给现状及对策研究》，载《财政研究》2008年第4期。
③ 郭佩霞：《政府购买NGO扶贫服务的障碍及其解决——兼论公共服务采购的限度与取向》，载《贵州社会科学》2012年第8期。
④ 张海军：《财政金融角度的精准扶贫研究——以福建省宁德市为例》，载《上海立信会计金融学院学报》2017年第2期。
⑤ 宫留记：《政府主导下市场化扶贫机制的构建与创新模式研究——基于精准扶贫视角》，载《中国软科学》2016年第5期。

着财政扶贫资金的不断投入，贫困人口减少的速度却逐渐放缓，因此，引发了学者们对财政扶贫资金投入与运行效率的研究。

最早以蔡昉、陈凡（2001）等为代表的学者对 2001 年前的政府开发式扶贫资金政策与使用效果进行实证考察，分析了扶贫信贷资金、财政贴息贷款和以工代赈资金为主的财政扶贫资金的使用效果，发现财政扶贫资金的减贫效果不明显：财政贴息扶贫信贷资金项目中，贫困农户难获信贷资源的现象初显，扶贫信贷提供的金融机构信贷风险控制不足；以工代赈项目更违背"赈济"初衷而倾向于纯基础设施投资；全国 592 个贫困县扶贫资金数据回归分析证明，完全由财政扶贫资金进行扶贫资源配置难以实现公平与效率的均衡[1]。李志平等（2016）利用 2002～2014 年的财政扶贫资金与脱贫成果的数据回归论证发现：财政扶贫资金与脱贫人口之间基本呈负线性相关关系，但单位财政扶贫资金对减贫的作用呈下降趋势。如 2014 年财政扶贫资金投入 893.08 亿元，较 2013 年增加 110.07 亿元，但是脱贫人口同比减少 418 万人[2]。此外，根据梳理，财政扶贫资金运行效率相关方面的研究主要以实践和实证分析为主，结论如下：

（1）全国不同地区的财政扶贫资金运行效率存在差异。张林秀（2003）发现财政扶贫资金的投入对贫困地区的经济增长具有重要贡献，但是部分贫困地区却由于政策的不均等和缺失，造成未能享受到财政扶贫资金带来的经济福利[3]。贾奇峰（2007）从财政扶贫资金的制度效率和经济效率出发，提出 2007 年之前，由于经济发展程度的不同，我国东部地区财政扶贫资金的制度效率和经济效率均高于中西部地区[4]。

（2）不同来源和投向的财政扶贫资金运行效率差异明显。贾奇锋（2007）不仅发现不同地区资金运行效率存在差异，还发现不同投向的财政扶贫资金运行效率之间存在差异，例如投入农村种养产业对贫困农户人均纯收入的增加程度，高于道路扩建方面对人均纯收入的增加；另外，贴息贷款和以工代赈资金对人均收入增加的影响程度明显优于财政发展资金。曾志红、曾福生（2013）利用科布—道格拉斯生产函数对 2006～

---

[1]　蔡昉、陈凡、张车伟：《政府开发式扶贫资金政策与投资效率》，载《中国青年政治学院学报》2001 年第 2 期。

[2]　李志平、张明黎、喻璨聪：《我国扶贫资金使用效率的提升策略研究——基于 2002－2014 年的数据》，载《皖西学院学报》2016 年第 3 期。

[3]　张林秀、樊胜根、张晓波：《系统模型在实证经济分析中的应用介绍——以农村公共投资研究为例》，载《南京农业大学学报（社会科学版）》2003 年第 2 期。

[4]　贾奇锋：《财政资金扶贫效率研究》，西南财经大学毕业论文，2007 年。

2011 年湖南省 20 个国定贫困县的相关数据进行实证分析，发现不同投向和来源的财政扶贫资金产出弹性和贡献率均较低，资金使用过程中存在效率缺失和结构失调等问题，未来应逐步加强财政扶贫资金投向结构因素，协调来源结构因素，开辟新资金渠道，以优化内部结构①。

（3）资金管理体制的不健全是导致财政扶贫资金运行效率低的关键。雷永葆（2017）从财政扶贫资金基层管理角度出发，发现基层资金管理制度、分配机制和使用方式的不完善是导致财政扶贫资金整个链条使用效率低的源头②。黄万华、陈翥（2014）利用委托代理实证框架分析了鄂东北国家贫困县下 30 个贫困村财政扶贫资金的运行效率，提出资金运行效率低的主要原因是资金委托代理末端的县、乡政府利用自身信息优势，单独或合谋对贫困农户扭曲、隐瞒资金使用方向，面对上级政府夸大贫困程度，获取更多扶贫资金挪为他用，未来要通过尽量减少资金委托代理层级、加强资金审计、建立资金绩效评价体系和加大人力资本方向的资金扶贫力度，以改善财政扶贫资金使用效率低和效益不明显的现状③。

4. 财政扶贫资金投入与运行机制的问题研究

国内学者对于财政扶贫资金的投入与运行机制整体研究内容较少，按照李小云（2007）对我国财政扶贫资金投入与运行机制的界定，我国财政扶贫资金投入与运行机制可划分为投入、管理、分配、拨付和使用、绩效评价五个具体机制，运行机制中的任一环节的运行不畅都会造成资金项目的目标偏离和扶贫效果的减弱，因此，多数学者是按照此划分标准对财政扶贫资金的投入与运行进行了研究探讨④。本书选取了国内研究的主要代表观点进行了总结：

（1）投入机制，主要集中于资金投入方向的比较和投向是否瞄准方面的研究。石树鹏、殷兵（2006）从财政扶贫资金投向和使用效益角度进行探讨，提出伴随我国经济的快速发展和集中性贫困人口温饱问题的解决，分散投向的财政扶贫资金已失去迅速见效启动和影响的效应，处于贫困边

---

① 曾志红、曾福生：《国定贫困县农村扶贫资金使用效率评价——基于湖南 20 个县 2006 - 2011 年的数据》，载《湖南农业大学学报（社会科学版）》2013 年第 5 期。
② 雷永葆：《基层财政扶贫资金管理的问题与对策》，载《财会学习》2017 年第 7 期。
③ 黄万华、陈翥：《农村能力贫困、权利贫困与农民阶层固化、政府信任感——以湖北省鄂东北农村地区为例》，载《经济论坛》2014 年第 4 期。
④ 李小云、唐丽霞、张雪梅等：《我国财政扶贫资金投入机制分析》，载《农业经济问题》2007 年第 10 期。

缘和刚脱贫人群面临受益影响程度下降，极易产生返贫问题；资金投入的分散，资金支持力度与扶贫效果也趋于不明显；为顺应经济形势的发展和贫困状况的变化，财政扶贫资金的区域化投入还应更为集中，并加强向贫困人口技能培训和劳动力转移培训方向倾斜①。李小云等（2015）提出财政扶贫资金的投入经历了县到村到户的逐步精准转变，扶贫资金项目瞄准偏离的困境却一直未得到改善，社会阶层分化和基层社会治理结构的偏颇导致了资金项目的"精英捕获"②。曹莹（2015）提出来源于中央和地方的财政扶贫资金，弱化了社会主义市场经济的扶贫资金筹措，降低了作为扶贫资金重要来源、目标瞄准更为高效的社会资本在扶贫事业中的参与度③。

（2）资金管理机制，侧重对中央与地方资金管理目标不一致、资金整合力度不足等问题的探讨。肖维歌（2001）从农村扶贫项目资金运行机制的角度，提出贫困大省之一——甘肃省财政扶贫资金项目扶贫效果不佳和效率低的主要原因，在于分散管理的扶贫项目资金难以形成扶贫合力④。匡远配等（2005）利用财政分权理论，解释贫困县级财政困难、配套资金的不充足，是导致财政扶贫项目无法开展、管理中产生资金挪用、最终无法满足贫困县资金项目需求的主要原因⑤。宋艳（2011）从宏观层面分析了财政扶贫资金管理机制存在的缺陷和深层次原因，提出分税制下，地方政府的事权与财力严重不匹配，中央和省级财政收入充裕，但贫困县、乡政府却是"吃饭财政"，一旦具有财政扶贫资金支配权的地方部门就很容易产生"权力寻租"⑥。冉光和（2016）利用政府委托代理机制的模型，实证分析提出经多层地方政府"过滤"的财政扶贫资金并未完全辐射基层，加快规范各级地方政府的扶贫资金管理，强化资金漏出治理才是推动扶贫资金高效运行的"硬道理"⑦。

① 石树鹏、殷兵：《财政扶贫资金投向及使用效益问题探讨》，载《农村财政与财务》2006年第11期。
② 李小云、唐丽霞、许汉泽：《论我国的扶贫治理：基于扶贫资源瞄准和传递的分析》，载《吉林大学社会科学学报》2015年第4期。
③ 曹莹：《农村财政扶贫资金管理的问题与对策分析》，载《中国管理信息化》2015年第6期。
④ 肖维歌：《农村扶贫项目资金运行机制与模式研究》，载《西南财经大学》2001年第11期。
⑤ 匡远配、何忠伟、汪三贵：《县乡财政对农村公共产品供给的影响分析》，载《南方农村》2005年第4期。
⑥ 宋艳：《新疆财政扶贫资金管理问题研究——以洛浦县和福海县为例》，载《新疆大学学报》2011年第2期。
⑦ 冉光和、蓝振森、李晓龙：《农村金融服务、农民收入水平与农村可持续消费》，载《管理世界》2016年第10期。

（3）资金分配机制，主要集中于资金分配是否精确瞄准贫困的问题。李文等（2004）提出国家财政扶贫资金分配逐渐向西部贫困地区倾斜，这有利于多数西部贫困县加快提升脱贫能力；但贫困人口大县也会面临地方财政能力的有限造成地方配套资金不足，贫困县贫困程度深造成资金分配的分散，贫困人口多的地区获得人均扶贫资金不足等问题，均制约财政扶贫资金的高效运行①。李小云等（2005）首次提出财政扶贫资金瞄准偏离的概念，主要表现在财政扶贫资金分配呈现逐渐流出重点贫困县、到达贫困县比例低和扶贫项目贫困农户收益低于中等户、富裕户的现象，尤其是信贷贴息资金多向地方企业倾斜，企业虽带动地方经济发展，但缺乏明确瞄准贫困群体机制，低工资、无技术类的就业岗位无法帮助穷人真正受益②。

（4）资金拨付和使用机制，除涉及资金使用效率方面的拨付和使用机制研究外，学者还对资金使用实践过程中存在的问题表现进行了现实性描述。尹昌文、王正强（2015）提出在财政扶贫资金运行的实践中，存在贫困户为主的使用对象精准度不高、扶贫随意性大，"扶贫资金不扶贫"的使用范围不规范等现象，缺乏刚性约束的法规限定③。刘昱含、宗传磊（2016）的地方扶贫实践发现，财政扶贫资金在使用过程中存在多个部门对"形象工程"等扶贫项目重复补贴和挤占其他扶贫项目、资金的现象，下一步要加强资金分配机制的管理和完善，避免"张冠李戴"项目和资金使用的不规范现象发生④。

（5）资金绩效评价机制，集中探讨缺乏资金绩效考评体系的框架约束。2005 年财政部、国务院扶贫办印发关于《财政扶贫资金绩效考评试行办法》的通知，从此，学者们对资金运行中产生的绩效考评问题开始了实践、学理层面的探析。实践层面，毕祯（2012）针对部分省面临贫困人口规模大、扶贫难度高，扶贫资金分配短缺、不合理，社会帮扶不足等问题，提议建立以产业经营收益率、贫困人口收入平均增长速度、蓄水工程和文化建设、医疗保险人口占比、荒地复垦、村民参与程度和能力建设为

---

① 李文：《财政扶贫的效率损失——基于财政激励视角的县级面板数据分析》，载《经济问题》2014 年第 5 期。

② 李小云、张雪梅、唐丽霞：《我国中央财政扶贫资金的瞄准分析》，载《中国农业大学学报》2005 年第 3 期。

③ 尹昌文、王正强：《财政性扶贫资金使用管理中存在的问题及对策》，载《中国审计报》2015 年 12 月 7 日。

④ 刘昱含、宗传磊：《在精准扶贫工作中财政专项资金使用中存在的问题及建议》，载《财经界（学术版）》2016 年第 4 期。

指标的资金绩效评价体系①。孙璐（2015）提出在精准扶贫的战略思想下，财政扶贫资金的绩效评价是推进和实现精准扶贫的重要测评手段，应逐步建立审计系统的绩效评价体系②。陈爱雪、刘艳（2017）提出"精准脱贫"目标下建立绩效评价体系的重要性，并运用层次分析法建立了包括5个一级指标与15个二级指标的财政扶贫资金"精准脱贫"的绩效评价体系，利用实证方法验证了体系的构建对财政扶贫资金使用效率和政策效果的显著影响③。学理层面，罗建峰（2017）根据"无影灯效应"原理，结合扶贫资金审计监管的目标与任务，实证研究发现，财政扶贫资金审计监管过程存在审计主体单一、监管权限不足、审计介入时点不合理等问题，提出引入社会主体参与扶贫资金审计、整合扶贫主管部门相关审计业务、建设审计监管数据库等方式，从而控制审计监管过程中的无影灯成本④。于鸿翔等（2017）从财政扶贫资金所涉利益共同体的角度，对财政扶贫资金的综合绩效进行了评估，提出未来应以"造血扶贫"为导向，将扶贫资金的绩效考评模式从资金管理为核心，逐渐转变为以农业技术为核心的共同体利益绩效考评模式，最终建立技术绩效、经济绩效、社会绩效三维度下的财政扶贫资金绩效评价指标体系⑤。

1.2.2　国外研究综述

财政扶贫资金是我国社会主义公有制反贫困发展中的产物，是我国政府参与反贫困的典型资金运用方式，因此国外鲜有对财政扶贫资金的专项研究。但究其本质，财政扶贫资金属于政府反贫困的一种资金支持形式。国际上关于政府反贫困资金的运用研究主要从以下几个方面进行了探讨。

1. 政府反贫困的功能界定

多数学者均肯定政府开展反贫困工作的重要作用，认为政府是一定时

① 毕祯：《河北省财政扶贫绩效评价指标体系研究》，燕山大学学术论文，2012。
② 孙淑芳：《关于农村财政扶贫资金运作现状及管理策略》，载《农业经济》2015年第12期。
③ 陈爱雪：《层次分析法的我国精准扶贫实施绩效评价研究》，载《华侨大学学报》2017年第1期。
④ 罗建峰：《财政扶贫资金审计监管的无影灯效应改进研究》，载《中国市场》2017年第6期。
⑤ 于鸿翔、崔琳琳等：《财政扶贫资金综合绩效统计评价体系分析》，载《经济研究导刊》2017年第5期。

期内扶贫工作开展的主体，政府采取的扶贫方式主要为社会救助和发展援助，主要职责是完善相关法律、就业措施、特殊人群照顾措施等多形式扶贫工作的开展和规范。研究过程中，学者们更侧重于研究政府如何发挥作用帮助贫困主体真正摆脱贫困。如激进自由主义者霍布斯（Hobbes，1640）提出政府救助虽然是改变弱势群体贫困状态的主要方式，但多数政府的救助并未从根本上改变贫困者的境遇，因此还要探寻有效分类的途径助其真正脱贫，他提出可通过向贫困人群提供稳定工作、创建社会保障制度、对寡妇和儿童等特殊人群通过建立救济法制度的方式予以扶贫①。穆勒（Moorer，1861）指出政府作为扶贫主体和法律制定的"约束者"，为保证反贫困行为的合法和正规化，要以法律形式规定反贫困的各种模式和资金来源渠道②。因此，可以发现，学者们都更加侧重强调政府在反贫困过程中的主体地位，拥有的法律制定、制度创建等先天优势是区别于其他扶贫主体扶贫，有助于促进扶贫工作规范开展的重要前提。

部分学者提出政府为主导的扶贫模式是政府的职能所在。凯·克里斯托瓦尔（2011）对洪都拉斯、尼加拉瓜和玻利维亚三个发展中国家的农村扶贫政策进行研究，认为政府是反贫困进程中必不可少、发挥主导作用的成员，是政府将税收收入转化为提供公共服务的方式之一③。众多学者也提出了利用社会资本和金融资本为主的市场行为开展扶贫活动。迪帕·那拉杨等（Deepa narayan et al.，2005）对坦桑尼亚的调研发现，乡村社会资本对于带动乡村全部家庭收入增长超过20%④。世界银行发展研究中心学者伍考克（Woodcock，2000）发现，社会资本具有的天然融入性，更容易接触底层贫困群体并满足其现实需求⑤。在金融资本促反贫困的研究方面，2006年诺贝尔和平奖获得者孟加拉国经济学家尤努斯提出建立乡村银行，通过向农村贫困人群提供信贷资金支持，鼓励其发展农业生产实现"造血式"脱贫⑥；法国学者苏恩（Korir，2015）利用实证分析证明了微

①　罗宾·邦斯：《托马斯·霍布斯：国家与自由》，江威译，华中科技大学出版社2019年版。
②　约翰·穆勒：《论自由》，严复译，译林出版社2014年版。
③　Can Liu, Jinzhi Lu, Runsheng Yin et al. An Estimation of the Effects of China's Priority Forestry Programs on Farmers' Income [J]. Environmental Management, 2010, 45 (3): 526-540.
④　迪帕·娜拉杨、兰特·普利切卡特：《社会资本：一个多角度的试点》，张慧东译，中国人民大学出版社2005年版。
⑤　迈克尔·伍考克：《社会资本与经济发展：一种理论综合与政策构架》，郗卫东编译。李惠斌、杨雪冬主编：《社会资本与社会发展》社会科学文献出版社2000年版。
⑥　Oladoja M. A., Olusanya T. P., Adedeji L. L. et al. Poverty alleviation through extension education among Fulani pastoralists in Yewa North Local Government Area of Ogun State, Nigeria [J]. Journal of food, agriculture and environment, 2009, 7 (2): 835-838.

型金融对缓解农村贫困具有十分重要的作用①。

从实践层面，由政府还是市场"谁"去扶贫的问题并非是反贫困实践的工作重点，无论两者如何开展扶贫工作以及扶贫的手段如何，最终的目标均是一致的。在国外研究中，学者们的研究更倾向于认可政府在扶贫工作中立法的重要作用和地位，市场能提供且有效解决的脱贫，政府鼓励且大力支持，在一定程度上推进了政府和市场协调、共同消除贫困的进程。而单一由政府或市场开展的反贫困，并不能高效地消除贫困现象，政府和市场彼此双方的互动、合作才是加快推进扶贫工作开展、促进贫困人口脱贫的重要和有效手段。

2. 反贫困中政府资金定位

在国外，对于发达国家的贫困现象，国家政府利用财政资金对于贫困人群的补助是在正常经济情况下，政府给予被认定的贫困人口提供的直接补助资金和社会福利救助资金，或是在经济不稳定的非正常情况下，如经济危机和自然灾害时期，政府给予的因整体经济问题而产生暂时性贫困时所提供的资金补贴。各国政府为更好地改善贫困人群的生存与生活状况，有效管理社会保障资金或社会补助金，一般都会设立社会救助部门以协调部门资金予以帮助贫困人群脱贫。如英国政府设立的济贫委员会，专门为贫困人口提供资金补助和医疗救助；美国的社会保障管理总署，通过设立各种反贫困项目向贫困人群提供财政补助福利（Elbers et al.，2009）②。而对于发展中国家，贫困现象较为突出，政府的地位十分凸显，尤其是政府通过财政资金开展反贫困的措施对贫困的消除起主要作用，因此，发展中国家财政扶贫资金被看作是改善贫困地区人口生活水平和生存状态最主要的资金来源，通过财政资金投入与公共基础设施的建设、公共服务改善等措施，以提高贫困人口交通、教育、医疗卫生和就业等方面的水平，并同时采用一定的社会保障型资金改善底层无法生存人群的生活状态，逐渐消除贫困（Silverman et al.，2016）③。

———————————

①　Korir J. J. The effects of microlending on poverty alleviation in rural kenya – A case study of kinango constituency. The International Journal of Business & Management，2015，3（10）：429 –451.

②　C. Elbers，P. F. Lanjouw，J. A. Mistaen，B. Ozler and K. Simler. On the Unequal Inequality of Poor Communities［J］. World Bank Economic Review 18，no. 2（2009）：401 –402.

③　Kenneth Silverman，August F. Holtyn，Brantley Jarvis. A potential role of anti-poverty programs in health promotion［J］. Preventive Medicine，2016.

3. 反贫困政府财政资金投入与运用

由于多数国家具有根深蒂固的纳税意识，对于发达国家和发展中国家，民众均认为政府所使用的财政资金是纳税人的税收贡献，如何更好地投入与使用资金关乎纳税人的收入是否被合理的管理和运用，因此，多数国家在财政资金的投入与运用上均十分谨慎。由于发达国家反贫困投入的资金形式多数为社会补助资金，研究也多倾向于对政府如何更好地向贫困人群投入与运行社会保障资金（或社会补助资金）方面为主：1890 年，英国学者马歇尔提出利用财政资金开展社会救助工作是政府的职能之一，合理的运用财政补助资金对贫困人群生活的改善具有十分重要与明显的作用，任何资金运用的环节都值得关注①。多数学者提出应将社会救助的方式由直接物资提供转变为向救助者提供医疗、教育和就业方面的资金投入与补助（Bardhan and D. Mookherjee，2006），如在城市地区适当调整经济结构，加强技术职业培训，使贫困人群具有一定的生产和工作技能，帮助他们通过自我发展解决贫困②。

除此之外，部分学者还针对不同国家政府资金的管理与绩效评价提出了相关建议，菲利普等（Philip et al.，2010）以智利的财政扶贫资金的研究为例，探究了以智利为主的发展中国家政府扶贫资金的管理模式，建议政府用于扶贫资金投入应以具体扶贫项目为依托，负责扶贫项目管理的部门政府应优先给予财政资金和相关政策支持，并设立第三方机构对于政府资金的支出情况给予项目资金绩效评价③。帕里克等（Parikh et al.，2015）分别对印度、肯尼亚和南非进行了政府利用资金进行反贫困相关研究，提出了政府资金管理和评价环节影响资金使用效率，提倡第三方委托评估资金使用情况④。

1.2.3　研究评析

作为反贫困的主要方式，财政扶贫资金的存在、发展有其特定的现实

---

① 阿弗里德·马歇尔：《经济学原理》，康运杰译，华夏出版社 2013 年版。

② P. Bardhan and D. Mookherjee，Decentralisation and Accountability in Infrastructure Delivery in Developing Countries. The Economic Journal 116，no. 508（2006）：101 –127.

③ Philip H. Brown，Claudio A. Agostini & Diana Paola Gongora. Public Finance，governance and cash transfers in alleviating poverty and inequality in Chile. Public Budgeting &Finance，2010（10）：1 –23.

④ Parikh P.，Fu K.，Parikh H.，Mcrpnoe A. and Georg. Infrastructure provision. Gender and Poverty in Indian Development，2015，Vol 15（1）：21 –31.

背景与理论基础，对此正确的认识和把握，是政府部门制定相关财政政策的依据，是实践层面财政扶贫资金投向精准、提升管理水平和运行绩效的重要前提，也是本研究和学术界实证研究的基础，为此，本书对财政扶贫资金投入与运行机制的国内外研究进行了总结梳理。基于国内外研究综述，笔者发现：

（1）理论层面，公共财政、农村经济发展、农村金融和反贫困等方面的国内外相关研究成果构成了财政扶贫资金产生与运用的理论基础。这些理论的演进深化了对我国农村贫困的性质、致贫原因的认知，确立了以财政扶贫资金为主、发展贫困农户的自我能力为扶贫核心、多元化参与共同扶贫的新型反贫困理论体系，为新时期财政扶贫资金的探索奠定了理论基础和技术支撑。但也发现，从反贫困的核心线索看，已有国内外研究对财政扶贫资金投入与运行机制的理论基础和经验讨论仍有待深入，现有的理论主要为宏观层面和简单概念方面的研究，运用委托代理理论和利益相关者理论研究深入分析仍有待补充。

（2）实践层面，侧重研究财政扶贫资金的运行模式比较、运行效率以及投入与运行机制问题等方面。财政扶贫资金的投入与运行在于实现减贫目标，不同的阶段为实现这一目标采取了不同的财政扶贫资金运行模式。但也发现，目前多数的研究是以 2011 年之前数据为主的定量和案例分析，侧重研究某一地区财政扶贫资金的运行模式和不足，检索出的相关研究的论文与著作较少，对现有的财政扶贫资金实证考察尚显不足。

综上，国内外理论研究所关注的财政扶贫资金存在与运行机理接受了贫困瞄准、资金运行效率以及提高运行效率等方面的检验，已有的检验对解决一定时期财政扶贫资金效率不高和扶贫效果不足的瓶颈找到了一定的关键点和影响因素，但"精准扶贫"时期之后，财政扶贫资金投入与运行作为一种机制，是否仍存在关键且尚未解决的问题，是否存在机制效率不高的现象还需进一步探讨，也为本书进一步深入研究提供了空间。

第 2 章

农村财政扶贫资金投入与运行机制的理论分析

2.1 相关概念界定及辨析

2.1.1 贫困

贫困的概念属于历史范畴，不同时期和不同贫困状况下，人们对于贫困的认识存在差别。传统意义上的贫困是指绝对化的收入贫困，随着时代的发展，贫困的概念逐渐被扩大为相对意义、多元化的人类贫困，当今国际学术界对于贫困的认识，一般都从这两个方面出发。

收入贫困是被现代社会普遍认可和接受的贫困表现形式。早期对于贫困的认识主要是以食物为主的生活必需品的匮乏，导致的"食不果腹"的现象，后逐渐扩大为满足社会最低生存需求的最低收入和物质必需品的匮乏，即除食品外，还包括了非食品类的必需品，如住房、衣着和参与社会基本活动等其他物品的缺乏，逐渐扩大为一种"食不果腹、衣不蔽体、房不遮风雨"的生活状态。收入贫困的研究也由最初的收入贫困的科学界定、对收入贫困的测量标准和尺度转向对收入贫困的评价、如何缓解收入贫困等多方面内容的丰富与扩充。其中，收入贫困的评价主要包括了宏观角度——人均国民收入，即一个国家的国民人均收入评价；另一个方面为微观角度，即从社会居民收入衡量收入贫困。

人类贫困较于收入贫困更为复杂。以诺贝尔奖获得者印度经济学家阿马蒂亚·森为代表，学者们将人类贫困看作是除生活必需品外，获取收入的能力与创造机会的能力均处于社会最低水平，并意味着贫困者缺乏可以获得和享受正常生活水平的能力。联合国《2030 年可持续发展议程》（2015）提出除要实现消除生活收入在国际极端贫困标准的贫困外，还要实现包括社会保障制度大规模覆盖穷人和弱势群体、平等享有资源和基本社会公共服务，并从"健康、教育和生活标准"等三方面、十指标加权计算的多维贫困指数①。因此，从影响因素看，人类贫困是收入水平、自身能力、机会、环境、权利等多种因素影响的多元化现象。

本书所界定的"贫困"主要是从收入意义上而言，即按照国家 2010 年人均收入水平不足 2300 元的农村贫困标准所定义的人群则为"贫困人口"。而"贫困地区"的界定，则是根据《中国农村扶贫开发纲要（2011 - 2020 年)》，国家将中西部扶贫任务艰巨、贫困人口相对集中的地区，按照贫困人口数量、农民收入水平和基本生产生活条件，适当兼顾人均国内生产总值、人均财政收入等标准，国家确定了 592 个国家级扶贫工作重点县；以 2007～2009 年这 3 年的人均县域国内生产总值、人均县域财政一般预算性收入、县域农民人均纯收入等指标低于同期西部平均水平的地区划分出 11 个集中连片特困地区，加上长期实施特殊扶持政策的西藏、四省藏区、新疆南藏三地州，共 14 个集中连片特困地区，680 个县②。这些地区主要是以收入标准为依据界定的贫困县，是农村财政扶贫资金的主要支持地区。

以"收入水平"为界定标准，便于国家对贫困人口和贫困地区的衡量与统计，是多元化"人类贫困"的最终表现形式。因此，财政扶贫资金的扶贫目标和措施仍面向的是多元化的"人类贫困"，还需继续通过向贫困人口提供财政补助或扶贫资金项目等多种扶持形式，"因户施策、因人施策、扶到点上、扶到根上"的施策方法，实现贫困人口收入水平的提高、所处环境的改善和发展能力的提升。

2.1.2　扶贫模式

无论是经济角度还是社会角度，贫困问题一直是抑制经济增长、影响社会稳定的重要障碍，减少贫困成为人类追求社会公平、公正、正义的具

---

① 联合国首脑会议：《变革我们的世界：2030 年可持续发展议程》，联合国出版物，2015 年 9 月 25 日，第 5～6 页。

② 国家扶贫开发重点县与 14 个集中连片特困区的 680 个贫困县有交叉县域，其中，680 个县域中包含国家扶贫开发重点县 440 个。

体表现之一。表面上，贫困现象主要表现为物质匮乏和经济困难，然而，深层次上表现为能力的不足和文化、权利等水平的缺失，因此，扶贫工作的开展还应立足于促进经济发展，着眼于文化的提高和权利的回归。目前我国的贫困不仅体现为收入水平的不足，还体现在自我发展能力的欠缺（或能力贫困），长期以来，以政府为主导的扶贫主体更注重以行政能力和资源的方式开展扶贫工作，自上而下的行政递推式的将资源分配给贫困地区和贫困农户，很容易产生信息的不对称和效率的降低，从而难以达到预期的扶贫效果，因此，为更加有效率的扶贫和减贫，还需政府结合实际，采取适应贫困地区减贫发展的扶贫模式。

从理论上，模式是指处理、解决某类问题的方法论。所谓扶贫模式，是在解决贫困问题的基础上，被"加工"成为的可模仿、推广、借鉴的行为集合。根据划分标准的不同可区分出多种扶贫模式，如表 2-1 所示，根据扶贫主体、扶贫主体作用于扶贫客体、投入的扶贫要素、扶贫分配的对象以及扶贫客体脱贫领域的划分标准，呈现不同的扶贫模式。此外，按照新发展主义经济学理论和我国扶贫模式的演变，我国的扶贫模式可划分为传统意义的扶贫模式和新型扶贫模式，其中，传统的扶贫模式包括了直接救助、项目扶贫、产业扶贫、科技扶贫和小额信贷扶贫模式；新型扶贫模式包括了教育扶贫、易地搬迁开发扶贫、转移劳动力、市场经济扶贫开发和启动式参与扶贫的模式。传统的扶贫模式主要是中华人民共和国成立以来至 2000 年之间我国政府所采用的扶贫模式，新型扶贫模式主要是2000 年之后，为适应新形势下的时代环境和贫困背景，并加以结合前期扶贫经验所开展的一系列扶贫模式。传统的扶贫模式与新型扶贫模式会依据不同的时代特点和贫困状况同时出现，且不局限于主体为政府的行为，市场主体也会不同程度地采取传统或新型的扶贫模式开展扶贫。

表 2-1　　　　　　　　　　　不同标准下的扶贫模式

划分标准	扶贫模式分类
扶贫主体	政府主导型、企业主导型、对口帮扶、民间扶贫
扶贫主体作用于扶贫客体的方式	救济式、开发式
扶贫主体投入的扶贫要素	物质扶贫模式、文化教育扶贫模式、信贷扶贫模式
扶贫资源分配的对象	区域（社区）扶贫模式、直接扶贫到户模式
扶贫客体的脱贫领域	就地扶贫模式、易地扶贫搬迁模式

资料来源：根据国家统计局：《中国农村贫困监测报告 2018》，中国统计出版社 2019 年版汇总。

本书所研究的"扶贫模式"主要是在政府财政扶贫资金的支持下，通过教育扶贫、易地搬迁、转移劳动力、开发产业市场、鼓励贫困农户积极参与，"输血"与"造血"并重的多元扶贫方式。近年来，随着我国从高速经济增长向中高速经济增长的转变，政府采用积极财政政策推进市场经济的发展，减税政策的实施和财政赤字规模的不断扩大，导致财政收入规模一定程度的压缩；同时，由于经济增速放缓造成社会资本投资热度下降，游离的社会资本急需寻找更适合的投资之地，探寻与政府合作寻找资金的有效配置。不仅如此，随着贫困人口的减少，已脱贫和普通农户也会因逐步开展的规模化农业生产促使资金的需求不断增加，农村地区亟待扩充新的资金来源形式弥补资金缺口，这不仅是新时期反贫困进程中着重解决的问题，也是财政扶贫资金面临 2020 年贫困县全部脱贫后财政资金如何再支持的问题。因此，在未来多变的市场经济环境下，政府式扶贫模式还应逐渐向政府政策引导社会资本转变，并逐渐向扩大社会资本投入为主、支持"三农"发展的主要经济模式发展，这将成为促进农村贫困地区持续脱贫发展的新趋势。

2.1.3　财政扶贫资金

1. 扶贫资金

扶贫资金是指为缓解贫困现象，政府和非政府类的社会主体根据机构特点所提供的用于支持贫困地区基础设施建设、发展贫困地区农业生产和促进地区经济、社会发展，以项目或直接资金补助形式给予贫困人群支持的资金。现阶段，根据国家统计局按照资金来源的统计口径，我国扶贫资金主要包括三个方面：政府财政扶贫资金、国际扶贫资金和其他扶贫资金投入。其中占比最高的是政府提供的财政专项扶贫资金，其次是世界银行、亚洲开发银行等国际组织提供的国际扶贫资金，但国内社会组织捐赠、企业帮扶、定点帮扶、对口帮扶、信贷扶贫等其他扶贫资金的规模也都在不断提高。

2. 财政扶贫资金的界定与划分

按照资金的投向划分，财政扶贫资金主要包含两种口径：一种是大口径下，国家为改善贫困地区的生产、生活条件，提高贫困人口生活水平和自我发展能力，支持贫困地区经济发展而设立的财政资金，具体包括财政发展资金、扶贫贷款贴息、以工代赈资金、少数民族发展资金等专项财政资金，这种口径涵盖了所有财政扶贫可能性下的扶贫资金。另一种是小口径的财政扶贫资金，是直接以补贴资金发放给贫困农户的，不包括各项发展资金。此外，按照财政支出项目的口径，财政部也对财政扶贫资金的种类进行了界定，包括了行政运行、一般行政管理事务、机关服务、农村基础设施建设、生产发展、社会发展、扶贫贷款奖补和贴息、"三西"① 农业建设专项补助、扶贫事业机构和其他扶贫支出等。与国外政府扶贫资金或社会补助资金的界定有所不同，由于环境的差异，我国的贫困群体主要集中在农村地区，对于财政扶贫资金的讨论也多倾向于解决农村贫困问题。

本书采用的是大口径的财政扶贫资金界定，即农村财政扶贫资金是指为缓解和消除农村贫困现象，我国中央与地方政府将各级政府的财政收入中的专项部分用于农村贫困地区公共基础设施建设和服务，改善贫困农户农业生产和经营条件，带动贫困农户脱贫的财政专项扶贫资金。其中，中央财政扶贫资金主要为中央财政收入中拨付用于扶贫的专项财政资金，地方财政扶贫资金为与中央相配套的省（区、市）级和县级财政拨付的配套财政资金。

2.1.4 财政扶贫资金投入与运行机制

1. 运行机制的内涵

运行机制，通常是指有机体内部各组成部分之间相互联系、彼此制约并相互协调运转，实现有机体总体功能的综合概念。就我国农村财政扶贫资金投入与运行机制而言，是在中央与地方五级政府管理制度下，利用中央财政专项资金和省（区、市）级、县级配套财政资金的投入，资金在不同利益主体之间进行管理、分配、拨付和使用，以及资金使用绩效评估环节共同构成的缓解和消除农村贫困的资金整体运用组合的形式。从狭义上讲，财政扶贫资金投入与运行机制主要包括了资金的投入、管理、分配、拨付和使用、绩效评价等多环节构成并共同运行的内部运行机制；从广义

---

① "三西"指的是甘肃河西、定西和宁夏西海固。

上讲，除资金的内部运行机制外，还包括了影响内部运行机制的外部环境机制，如市场所提供的其他扶贫资金（社会资本和金融资本等，以下称"社会扶贫资金"）共同形成的运行机制（如图 2 - 1 所示）。而本书试图从广义角度，在重点研究财政扶贫资金内部机制的基础上，利用外部机制来弥补内部机制的不足。

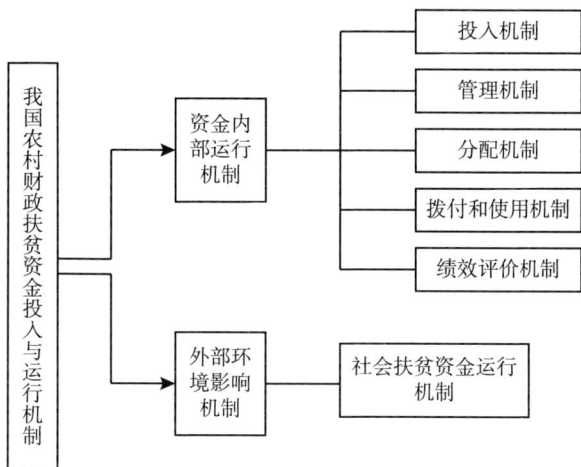

图 2 - 1　财政扶贫资金投入与运行机制示意

2. 财政扶贫资金投入与运行机制的结构与相互关系

（1）财政扶贫资金投入机制。财政扶贫资金投入机制包括财政扶贫资金投入主体与投入结构、投入规模和投入方向等，投入机制的设置受贫困地区的贫困状况、经济、社会等多种因素的制约。投入主体、投入结构和投入规模与政府间财政分权密切相关，财政扶贫资金分权界定的方式由中央与地方政府参与主体的行为特征决定。

（2）财政扶贫资金管理机制。管理机制是决定系统运行效率的关键环节，影响着整个系统的内在联系、功能和原理。财政扶贫资金的管理是中央资金拨付后事权下放的表现之一，遵循行政管理的基本原则，层层委托代理的方式是财政扶贫资金管理机制的重要体现，明晰管理机制中各管理主体的权利、义务和处理各主体间相互协调的关系是影响财政扶贫资金投入与运行机制效率的关键。

（3）财政扶贫资金分配机制。分配机制包括资金的分配方式和分配方法。财政扶贫资金的分配是以扶助贫困人口脱贫和增强自身可持续发展能力为最终目标，目标实现与否的判断标志是资金分配方式与方法是否合理、公平和高效，是否能满足基本的贫困人口脱贫需求和贫困地区的发展需求。

（4）财政扶贫资金拨付与使用机制。拨付与使用机制从资金主体的界定上分为拨付机制和使用机制，其中拨付机制由多层级的资金管理主体分层次、分类型、由上而下地实现资金拨付，具体包括资金的拨付主体和拨付方式；资金的使用机制包括资金的使用主体和使用效率，使用主体的资金使用能力是影响扶贫资金使用效率的因素之一，资金的使用效率是决定系统运行机制效率的重要环节。

（5）财政扶贫资金绩效评价机制。绩效评价机制是评估整个系统运行状况如何的方式，决定着新一轮财政扶贫资金的投入机制、分配机制和管理机制等多个环节，是有效减少资金管理、缓解使用过程中对可能产生不利因素造成资金运行效率不高和减贫效果弱等问题的事后评估环节。

（6）财政扶贫资金外部机制（社会扶贫资金运作机制）。外部机制作为广义财政扶贫资金运行机制的重要组成部分，是间接影响财政扶贫资金内部运行机制，提高内部运行机制环节资金运行效率的关键外部因素。其中，外部机制主要包括了以社会资本和金融资本为主的社会扶贫资金结合财政扶贫资金的运行情况。

（7）内部运行机制之间以及和外部机制的相互关系。运行机制的优化设计是要建立在资金各运行环节相互协调、相互促进的基础上，满足资金供需双方的目的和需求，达到资金使用的可持续、公平、合理的目标和促进资金运行效率的提高。综上，投入机制、管理机制、分配机制、拨付与使用机制、绩效评价机制组成的内部机制和社会扶贫资金影响资金运行的外部机制，所形成的统一、协调运作的资金运行机制，是优化和促进资金运行机制长效发展的必要条件。

2.2 财政扶贫资金投入与运行机制研究的理论基础

在社会主义市场经济的环境下，政府除发挥资源配置的作用，还起到提供公共产品和服务，弥补外部效应、缓解贫富差距等市场失灵的问题。贫困作为市场失灵的表现之一，政府利用财政扶贫资金在减贫和缩小贫富差距中所发挥的作用，成为政府弥补市场失灵的重要手段。为了提高农村财政扶贫资金的投入与运行机制效率和减贫效果，有必要借鉴和结合高效的市场手段，充分调动财政扶贫资金的利益相关者参与扶贫活动。本章从理论层面探讨了财政扶贫资金投入与运行机制中所涉及的公共产品理论、公平与效率理论、公共选择理论、委托代理理论等理论（如图 2－2 所示），对后续章节分析优化农村财政扶贫资金投入与运行机制奠定理论基础。

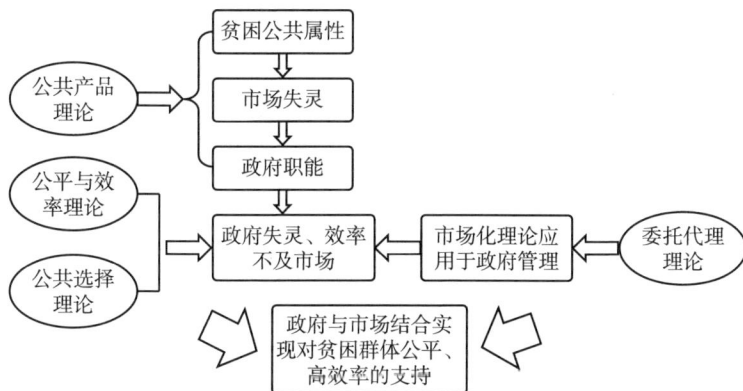

图 2－2　财政扶贫资金投入与运行机制理论基础关联

2.2.1　公共产品理论

1954 年，美国经济学家萨缪尔森对私人产品和集体消费品进行了明确的划分，并首次提出公共产品的概念，即公共产品是任何人消费某一产品不会减少其他人消费的产品，公共产品具有非竞争性和非排他性的特征①。但在现实生活中，由政府提供具有非竞争性和非排他性的纯公共产品并不多见，多数是由政府和私人机构共同提供的混合性公共产品，即准公共产品。因此，公共产品按照特征又划分为纯公共产品和准公共产品。

市场上，由私人部门通过生产和消费提供的私人产品，私人部门需赚取生产利润。而现实社会中的公共产品产生的社会总收益一般都大于社会总成本，但是经济收益却往往小于生产成本，因此，私人部门不愿意生产或提供，这也被看成"市场失灵"的表现之一。同时，公共产品具有的非

---

① 保罗·A. 萨缪尔森、威廉·诺德豪斯：《经济学》，于健译，人民邮电出版社 2004 年版。

排他性特征，导致无法排除不付费或任何代价的人群对公共产品消费的行为。这种"搭便车"的行为导致了公共产品缺乏资金来源而无法正常供应，因此，公共产品仅能够部分或全部由政府部门提供。

从农村贫困地区角度来说，公共产品的稀缺是农村贫困的重要表现之一。农村公共产品，主要是指农村范畴内满足农村地区和人群公共需要、私人市场部门难以提供，具有非排他性和非竞争性的社会产品，如农村道路、水、电等公共基础设施，医疗、教育等公共服务和公共福利等。根据公共产品理论，在农村贫困地区，对尤为稀缺、外部效应较强的扶贫性质的公共产品，由于市场机制提供容易产生较大的负外部效应和不公平，因此由政府部门提供。财政扶贫资金作为农村贫困地区提供公共产品和服务的财政支出之一，资金的运用保证了贫困地区的资源配置职能具有较强的扶贫倾向：一是帮助贫困地区推动建设水利、公路、电力、电视网络、互联网等基础设施；二是促进贫困地区农田水利建设、绿林植被、土地治理等自然生态和环境改善；三是对贫困地区开展农业科技、知识教育和文化的普及，进行劳动力转移、农业种养殖等一系列培训；四是推动贫困地区开展医疗、健康保健、社会救助、社会保障等社会公益性事业；五是支持贫困地区投资兴建福利性企业。公共基础设施的改善对贫困地区非贫困人群的生活也产生很强的正外部效应。通过提高教育和卫生等公共服务水平、促进劳动力就业转移培训、易地扶贫搬迁、产业化扶贫等扶贫工作的开展，有效促进了农村贫困地区的经济发展，也帮助贫困地区的多数非贫困人口提高了居民人均收入水平和消费能力，有利于提升贫困地区整体人群的劳动力素质和自我发展能力。

2.2.2　公平与效率理论

公平与效率理论最初源于两个学派：学派之一是注重对"公平"的认可，研究学者主要以阿瑟·庇古、卡尔多、罗尔斯等为代表的政府干预学派，他们认为政府的干预政策能保证社会福利的公正和平等，解决社会上存在的分配不均问题，如罗尔斯坚持认为"公平要高于效率"，为了公平可以取消部分的高效率做法[①]；另一学派则对"效率"更为重视，研究学者以亚当·斯密、哈耶克、熊彼特和弗里德曼为代表的自由主义学派，他

---

① 罗尔斯：《正义论》，何怀宏、何包钢、廖申白译，中国社会科学出版社2009年版。

们更为重视市场在经济中的重要作用，反对国家对市场干预，认为公平的起点是分配的机会均等和权利公平，而竞争性的市场结果是公平的，是促进分配公平的保证，如哈耶克认为，为了公平，国家干预市场的做法不利于效率的提高，并将产生更多的不公平①。随着两派学者对公平与效率孰优的争论不断，产生了以奥肯为代表的"公平与效率兼顾"的观点，他提出公平与效率之间虽存在冲突，但可以通过政府与市场结合的方法，找到公平与效率平衡的"度"，实现公平与效率的兼顾②。

　　社会的贫困现象产生的原因之一是社会主体之间所处的环境、拥有的能力存在着差异，而造成资源配置和分配的不公。对于市场和政府而言，竞争性的市场效率高于政府，但是，高效率的市场往往来自对市场主体的筛选，因此，往往会忽视某些群体而造成资源分配的不公，而政府则是在市场失灵的情况下，为缓解社会和市场资源分配不公采取的国家干预方式，财政扶贫资金的投入与运行作为国家弥补市场失灵的手段之一，对于缓解贫困地区和贫困人口在纯市场经济下的不公起到重要的支持作用。但是，相对于市场机制，"政府失灵"的存在又导致了政府效率低于市场，作为政府职能手段的财政扶贫资金，其运行效率势必低于市场化的资金运行效率。基于以上内容，根据公平与效率理论，财政扶贫资金投入与运行机制对于市场机制而言，能基本满足贫困群体资源的公平配置，但并不意味着效率达到最优，而市场机制虽拥有效率最优，但又无法弥补市场失灵而导致的分配不公，因此，如何让贫困群体既可以获得公平又可以获得效率分配，还需要政府与市场的结合，找到实现公平与效率的"度"，具体而言，为实现政府在运用财政扶贫资金达到贫困群体的公平与效率兼顾，一方面还需对财政扶贫资金投入与运行内部机制存在的问题进行优化，弥补政府资金运行过程中的效率不足；另一方面与市场机制相结合，采用市场化的资金和方法，与财政扶贫资金共同支持贫困群体脱贫，实现兼顾公平与效率的财政扶贫资金投入与运行。

2.2.3　公共选择理论

　　公共选择理论起源于 20 世纪 40 年代末，西方经常引用丹尼斯·缪勒

---

　　① 弗里德利希·冯·哈耶克：《个人主义与经济秩序》，邓正来译，复旦大学出版社 2012 年版。

　　② 阿瑟·奥肯：《平等与效率——重大抉择》，王奔洲译，华夏出版社 2010 年版。

对公共选择理论的定义，即公共选择理论是以"经济人"为基本假设条件，对非市场决策的经济研究，可简单定义为经济学应用于政治科学的研究。研究公共经济学理论的代表学者有邓肯·布莱克、詹姆斯·布坎南、丹尼斯·缪勒、戈登·图洛克、肯尼斯·约瑟夫·阿罗等。

公共选择理论认为，人类社会分为经济市场和政治市场两个市场：在经济市场活动中，需求主体和供给主体分别为消费者和生产者；在政治市场中，活动的主体为选民，利益集团为主的需求者，政治家、官员为代表的供给者。经济市场上，人们通过货币购买来选择和获得效用最大化的私人物品；政治市场上，选民通过选票去选择能给予其最大利益的政治家、政策法案等。理论还认为，无论是经济市场还是政治市场，都是同一个经济人不同市场行为的表现，经济人在经济市场上追求个人效益最大化，在政治市场上同样追求个人效益最大化，而不是追求他人或公共利益的最大化[①]。以此为基础发现，从公共选择理论的角度，政府作为经济人的角色不可避免会存在着政府失灵的问题，而财政扶贫资金的投入与运行作为政府行为的一部分，必然也会存在一系列的问题：

一是由于政府作为非市场性质的机构缺乏竞争力，且政府产出的质和量难测定，信息垄断的存在，使得贫困地区的民众和第三方机构很难对其行为和效率做出监督与评估。

二是财政扶贫资金的管理主体——政府内部管理机制严格、死板，缺乏激励机制，行政管理人员容易形成逃避风险、不思创新、但求无过的思想和心态，造成财政扶贫资金使用时缺乏追求效率的内在动力。

三是对财政扶贫资金绩效评价技术难度大，造成政府预算与工作效率难挂钩，政府部门容易通过扩大支出规模提高工作绩效，而背弃采用工作效率的方式评判绩效，以至于财政扶贫资金规模的日益增长。

为解决以上财政扶贫资金投入与运行中出现的问题，公共选择理论认为，政府应恢复竞争的方式打破政府现有的垄断地位，重新创造公共市场，让民众获得自由选择公共产品的机会。

一是在财政扶贫资金管理主体的不同行政机构之间引入竞争机制。采取若干办事行政机构分别设计和提出预算方案的方式，引入竞争机制，预算成本较低、设计合理的机构可优先获得财政扶贫资金，以此打破长期以来政府预算部门被动预算的行为。

---

① 布坎南、马斯格雷夫：《公共财政与公共选择：两种截然不同的国家观》，承耀译，中国财经出版社2001年版。

二是引入激励约束机制。一方面允许行政机构通过职位晋升，或预算节约成本以奖金的方式发放给行政人员或集体，以刺激行政部门的"经理们"像私人部门的经理一样，获得激励，用最小的预算生产成本代替最大部门预算。另一方面，提高利用资金主体的人力资源水平，用能力教育的方式激励行政人员的高效服务意识。

三是鼓励私人部门参与竞争。鼓励私人部门参与为贫困地区提供公共产品和服务的竞争，打破政府部门的垄断地位，提供最有效率的产品和服务。

公共选择理论的核心是利用"经济人"思维考察政府行为，并在政府行为中引入市场机制，该理论对财政扶贫资金投入与运行机制优化研究的根本影响在于引入市场机制对扶贫资金管理与运行提出新办法，并从规范性的政府资金管理转变为激励机制为导向的资金管理与应用。

2.2.4　委托代理理论

委托代理理论起源于 20 世纪 30 年代，美国经济学家伯利和米恩斯为解决企业所有者兼经营者行为存在的弊端，提出了倡导所有权和经营权分离的委托代理理论①。委托代理理论是制度经济学契约理论的主要内容，研究一个或多个行为主体根据明示或隐含的契约关系，指派或雇用另一些主体为其服务，同时授予后者一定的决策权，并根据后者所提供服务的质量和数量对其支付相应报酬的行为。委托代理理论最早应用于企业内部、企业之间的委托代理关系的研究，代表人物主要有罗斯、威尔逊、斯宾塞和莫里斯。

委托代理理论的基本内容主要包括：一是委托人与代理人之间存在信息不对称。委托人难以了解代理人的行为细节，双方都有可能会采取欺诈等欺骗行为，而双方相互监控成本却很高。二是代理人与委托人的利益目标存在差异。代理人以自身利益为主，可能会采取某种机会主义行为降低承担风险实现自身效益的最大化。三是委托人的预期效用实现完全取决于代理人的经营行为，以及双方制定的激励约束机制、制度供给、监督安排机制等。四是如何激励和监控代理人行为，建立契约执行规则，是委托代理理论关注的重要问题。为解决委托代理过程中存在的问题，委托代理理

---

①　阿道夫·A. 伯利、加德纳·C. 米恩斯：《现代公司与私有财产》，甘华鸣、罗锐韧、蔡如海译，商务印书馆 2005 年版。

论提出最优激励合同法，一种是通过"参与约束"，设置对代理人具有参与合同比不参与合同更有利可图和更具吸引力的合同；另一种是"激励约束相容"，即委托人和代理人的利益效用相一致，设立委托人效用最大化与代理人努力程度相挂钩，也有助于实现代理人效应最大化的合同机制。

委托代理理论同样适用于公共管理行为中的财政扶贫资金投入与运行机制，发现财政扶贫资金政府管理机构在委托代理中的问题：一是政府机构和政府人员之间效用最大化倾向表现为追求预算最大化和政府规模、产出最大。二是不同层级的委托代理关系存在信息不对称，为某一层级的政府事权扩张创造了条件。为解决财政扶贫资金在公共部门之间的委托代理问题，可采取：一是缩减政府规模，采取市场购买公共服务。二是建立公民参与机制，让贫困民众充分表达自身对贫困地区公共产品和服务选择偏好，积极影响政府决策行为，促进政府更好地提供为民众服务的公共福利。三是建立监督管理和信息反馈机制，以此抑制资金管理代理人的机会主义行为。四是建立激励约束机制，实行代理人科学绩效工资制度，实现政府行政人员与公共利益相一致的效用机制。五是理顺中央与地方之间的利益关系，利用科学、合理的政府绩效考评机制约束地方政府的行为，实现不同层级政府之间整体和局部利益的统一和均衡发展。

综上所述，公共产品理论、公平与效率理论、公共选择理论、委托代理理论，对优化财政扶贫资金投入与运行机制具有重要指导意义。我国利用财政扶贫资金开展的扶贫活动意味着政府在扶贫中的主导地位，同时涉及中央、省、市、县、乡多个政府层级和下属多个部门，难免存在资金的多头管理和分散现状，横向与纵向的政府层级之间委托代理关系复杂，信息不对称现象明显，容易造成财政扶贫资金挪用、浪费和权力寻租等现象，导致财政扶贫资金投入与运行机制效率的降低。因此，为更好地优化财政扶贫资金投入与运行机制，提高整体运行机制的效率，还需将以上理论作为理论基础和依据，一方面合理界定和分工政府与市场能够为贫困地区和贫困人口提供的公共产品和服务，加强政府引导市场主体机制，将部分政府难以高效开展的扶贫工作交由专业化、高效化的非政府组织或市场机构竞争提供；另一方面在政府多层级利益主体的财政资金投入方式下，重构政府内部利益主体激励约束机制以实现委托人与代理人的利益相容，同时，赋予不同管理层级一定权限和灵活运用的基础上，建立政府层级的问责机制和贫困群体广泛参与机制，加强绩效评估和监督管理，以降低管理成本，提高扶贫资金的运行效率和效果。

第3章

农村财政扶贫资金投入与运行机制现状

3.1　区域化的资金投入机制

按照国家统计局住户调查办国内外投入主体划分标准，我国农村扶贫资金投入主要分为三大类：政府财政资金、国际扶贫资金和其他扶贫资金投入。其中，世界银行和亚洲开发银行为主的国际扶贫资金，国内社会捐赠、定向帮扶、社会主体帮扶资金为主的扶贫资金近年来虽逐年提高，但占比最高的仍是政府提供的财政专项扶贫资金。

3.1.1　财政扶贫资金主要投入来源

农村财政扶贫资金主要为政府专项财政扶贫资金，按照我国政府体系，我国农村财政扶贫资金又分为：中央、省（自治区）、市（县）政府专项财政扶贫资金。现阶段，三级财政扶贫资金体系主要以中央专项财政扶贫资金为主，省、自治区根据中央扶贫资金予以配套相应的专项资金，由于贫困地区县财政能力有限，较少贫困县配套专项财政扶贫资金。其中，中央财政专项扶贫资金是由中央政府根据每年预算向农村贫困地区所拨付的专项资金，资金主要用于改善贫困地区的基础设施建设，解决农村贫困人口的基本温饱问题，提高贫困人口自我发展生产、生活的能力，并逐步改善贫困地区经济、文化、教育、科技等发展的专项专款资金。而省、自治区和市、县级政府的配套专项资金，是根据中央要求的配套比例所提供的专款专项资金，其主要作用为配套中央财政扶贫资金，并配套中央资金的扶贫功能。目前，财政扶贫资金的主要来源如下：

1. 财政发展资金

财政发展资金是对经济发展水平较低、财政能力有限、投资水平不发达的农村贫困地区发放的专项财政扶贫资金，该项资金的发放主要通过设立中央专项资金项目支持贫困地区的农业生产和发展，包括种植业、养殖业、科技农业等为主的农业生产，以及大型公共基础设施（农田修整、水利改造、道路修缮等）和公共服务配套设施（教育、卫生、电视广播、宽带等）项目的发展。财政发展资金由 1980 年每年最初的 8 亿元，增加至 2019 年的 823.95 亿元，成为中央支出总额占比最高的财政扶贫资金。[①]

2. 以工代赈资金

以工代赈资金是中央财政拨付，通过向农村贫困地区的贫困农户提供短期的工作岗位，充分利用闲暇和富余劳动力改善贫困地区基础设施建设，以工资收入向贫困农户发放的财政扶贫资金。该资金由国家发改委发放，最早以 1984 年每年 9 亿元规模的实物形式发放，到 2013 ~ 2018 年稳定在每年 42.2 亿元的规模投放。目前该项资金仍主要以贫困地区农户或贫困农户进行基础设施建设获得的工资收入予以支付发放。该资金最初属于财政救济资金范畴，但与其他救济式扶贫资金不同的是，该项资金更加注重农村贫困地区的基础设施建设，通过贫困农户实现自我劳动能力而获得工资收入，对贫困地区的设施发展和贫困农户的自我发展具有双重推动作用。

3. "三西" 农业建设专项补助资金

为支持中西部发展，1983 年，我国中央政府设立了第一个区域性的扶贫开发试验地，中央财政给予每年 2 亿元的财政支出用以支持甘肃河西、定西和宁夏西海固[②]（简称"三西"）三个贫困地区的扶贫开发工作，并于当时计划 10 年内用以消除三个地区的贫困；但由于长期以来"三西"地区的贫困人口较多、贫困程度较深，完全消除贫困需长期、稳定的财政专项资金予以支持，因此，甘肃和宁夏两省区分别于 1992 年、2002 年和 2012 年又多次向中央政府申请了该项专项资金补助，用于持续支持"三

---

① 3.1.1 部分的所有数据均来源于《中国扶贫开发年鉴（2019）》，以下不再赘述。
② "三西"具体指甘肃河西 19 个县（市、区）、甘肃中部以定西为代表的干旱地区 20 个县（区）和宁夏西海固地区 8 个县，共计 47 个县（市、区），总面积 38 万平方公里。

西"贫困地区的基础设施建设和经济发展。随着近年来扶贫工作步伐的加大，"三西"农业建设专项补助资金的额度也逐年提高，2013年、2014年和2015年分别达到了3.34亿元、3.15亿元和5.23亿元，仅2015年就比2014年上升了166%，可见我国政府对于中西部地区发展的高度重视。

4. 扶贫贷款财政贴息

扶贫贷款是由银行类金融机构向贫困农户所提供、用于支持贫困农户发展农业生产和经营活动的贷款资金，该项贷款最初由中国农业银行发放，由专项扶贫资金给予贴息补助，2016年4月，中国人民银行要求农商行、农信社、农合行和村镇银行4类农村金融机构向贫困农户发放不高于基准利率的扶贫贴息贷款。目前，扶贫贷款及贴息资金主要由省（区、市）进行管理，各省（区、市）按照扶贫贴息的贷款需求，制定相关预算，形成了每年从中央和省级财政扶贫资金中安排一定的贴息资金，用以逐步引导地方银行类金融机构增加扶贫贴息贷款的投放。不仅如此，2017～2019年我国逐步重视农业产业化龙头企业、农民合作社、家庭农场、专业大户等四类新型农业经营主体带动贫困农户脱贫的重要作用，部分省份如河北、贵州等逐渐向带动贫困农户脱贫的四类新型农业经营主体提供贴息贷款服务，用以支持贫困地区的农业现代化和规模化生产。

5. 少数民族发展资金

少数民族发展资金是中央财政设立用于支持贫困地区少数民族贫困农户发展农业生产、改善少数民族贫困地区基础设施建设和提高生产、生活水平的财政专项扶贫资金。该资金具体用于：改善贫困地区少数民族贫困人口的生产、生活条件，如修建自然村的公路、道桥、水力、电力、宽带、农村能源等基础设施，以及贫困农户的危房改造，易地搬迁；用于提高劳动力专业和技能的教育和培训工作；发展具有少数民族和地域特色的农业、手工业、旅游业和餐饮业。该项资金从1992年设立之初的0.6亿元上升到了2018年的46亿元，全部用于支持少数民族的贫困县经济发展。

6. 国有贫困农、林场专项扶贫资金

国有贫困农场专项资金由农业农村部拨付地方的财政补助资金，主要用于：农场基础设施建设，如农场道路、桥涵、基本农田、小型农田水利、危房改造、人畜饮水、通水通电等设施建设；生产发展，包括种植

业、养殖业、畜牧业、农副产品加工业等，如农业具体生产的新品种引进、良种繁育、实用技术培训和推广等。国有贫困林场扶贫资金主要由国家林业和草原局组织资金分配和使用，用于帮助贫困林场改善生产生活条件，利用林场或当地资源发展生产。具体包括：改善基础设施条件，如修建和维护林场道路、地面和危房改造，解决水电、通信、电视、宽带等基础设施；发展农业生产，如发展种植业、养殖业、森林旅游业、林产品加工及副产品开发等；科技推广和培训，如育种、种植知识的教育和培训工作，以及农业科技技术的推广和应用。2016 年这两项资金规模达 6.8 亿元。

2016 年，国务院办公厅下发了《关于支持贫困县开展统筹整合使用财政涉农资金试点的意见》，将各级财政安排用于基础设施建设和农业生产发展等方面的资金整合，财政扶贫资金的整体规模因此不断扩大。2017 年之前，除基础设施建设和农业生产发展资金外，还包括了用于计划生育事业、医疗卫生事业、社会保障事业发展、易地扶贫搬迁、彩票公益金支持扶贫开发、一般性转移支付等资金。为更加明确中央财政专项扶贫资金的扶贫用途，2017 年《中央财政专项扶贫资金管理办法》提出，多数用于教育、科学、文化、卫生、医疗、社保等社会事业支出，中央财政专项扶贫资金不再支出，由负责社会事业的部门继续支出。由此，中央财政资金方向转为更加重点支持贫困地区的农业生产发展、改善扶贫对象的生产生活条件以及易地扶贫搬迁等扶贫开发事业①（如表 3 - 1 所示）。

表 3 - 1　　　　　　　　2018 年其他财政扶贫资金情况统计

财政扶贫资金	资金用途
支持农村贫困地区发展生产、改善扶贫对象生产、生活条件的资金	①强农惠农的相关补贴，如粮食直补、产量大县奖励资金等； ②农村饮水安全工程、沼气工程、易地扶贫搬迁等资金； ③现代农业生产发展、小型农田水利建设、农业综合开发、村级公益一事一议财政奖补资金； ④退耕还林、森林生态效益补偿，内蒙古、新疆等 8 个西部主要草原牧区省（区），草原生态保护补助奖励
支持农村贫困地区教育	"雨露计划"农村贫困家庭子女初中、高中毕业后接受中高等职业教育，对家庭给予扶贫助学补助的事项
支持农村贫困地区社会保障事业发展资金	①农村贫困地区大中型水库移民后期扶持资金； ②中央专项彩票公益金支持贫困革命老区县发展资金

———————————

① 教育事业用于"雨露计划"的农村贫困家庭子女初中、高中毕业后接受中高等职业教育，对家庭给予扶贫助学补助的项目仍由中央财政专项扶贫资金提供。

续表

财政扶贫资金	资金用途
支持农村贫困地区医疗卫生事业发展资金	①新型农村合作医疗制度补助资金； ②农村贫困地区医疗救助补助资金； ③贫困地区建立国家基本药物制度资金； ④支持推进医药卫生体制改革资金； ⑤农村卫生服务体系建设与发展资金； ⑥中西部地区农村卫生人员培训资金； ⑦农村贫困地区引进和培养医疗卫生服务人才资金
贫困地区大中型水库移民后期扶持及彩票公益金支持扶贫开发资金	中央财政安排一般转移支付，以及其他有关专项转移支付时，向农村贫困地区和人口倾斜

资料来源：国务院扶贫开发领导小组办公室网站，http://www.cpad.gov.cn/。

3.1.2　财政扶贫资金主要结构和规模

纵观 2016 年《中国扶贫开发年鉴》和《中国农村贫困监测报告》统计的历年国家扶贫开发重点县财政扶贫资金投入情况（如表 3 - 2 所示），1980 年以来，我国中央财政专项扶贫资金投入总额逐年呈上升趋势，从 1980 年的 8 亿元增长到 2015 年的 467.5 亿元，年均增长率达 15.2%；尤其是 2002 年以来，随着扶贫力度加大，中央专项扶贫资金中的财政发展资金和少数民族发展资金投入增长幅度更加明显，其中，财政发展资金从 2002 年的 51.65 亿元增加到 2015 年的 365.56 亿元，年均增长 16.4%；少数民族发展资金从 4 亿元增加到 40 亿元，年均增长 21.3%；其他扶贫资金从 2.92 亿元增加到 10.74 亿元，年均增长 13.4%；而以工代赈资金、扶贫贷款贴息资金和"三西"扶贫资金虽有增长，但变动幅度较小。

从资金的增长规模可以发现，我国中央财政专项扶贫资金的增长主要是通过财政发展资金、少数民族发展资金和其他扶贫资金的带动增加，发展类资金规模的扩大，一方面说明近年来我国财政扶贫资金更倾向于向贫困地区和贫困农户生产发展类的扶贫方向投入，重点支持并发展"造血"式的生产发展性扶贫行业；另一方面也说明了财政扶贫资金的扶贫模式也正伴随贫困状况的发展不断适时调整。

表 3 - 2　　　　1980～2015 年中央财政专项扶贫资金的历年投入情况　　单位：亿元

年份	财政专项扶贫资金合计	财政专项扶贫资金包括					
		财政发展资金	以工代赈资金	少数民族发展资金	三西资金	扶贫贷款贴息资金	其他
1980	8	8	—	—	—	—	—
1981	8	8	—	—	—	—	—
1982	8	8	—	—	2	—	—
1983	10	8	—	—	2	—	—
1984	10	8	—	—	2	—	—
1985	19	8	9	—	2	—	—
1986	19	8	9	—	2	—	—
1987	19	8	9	—	2	—	—
1988	10	8	—	—	2	—	—
1989	11	8	1	—	2	—	—
1990	16	8	6	—	2	—	—
1991	28	8	18	—	2	—	—
1992	26.6	8	16	0.6	2	—	—
1993	41.2	8	30	1.2	2	—	—
1994	52.35	8.55	40	1.8	2	—	—
1995	53	8.6	40	2.4	2	—	—
1996	53	8	40	3	2	—	—
1997	68.15	23.15	40	3	2	—	—
1998	73.15	28.15	40	3	2	—	—
1999	78.15	33.15	40	3	2	—	—
2000	88.15	43.15	40	3	2	—	—
2001	100.02	47.15	40	3.5	2	5.4	1.97
2002	106.02	51.65	40	4	2	5.45	2.92
2003	114.02	59.65	40	4	2	5.3	3.07

年份	财政专项扶贫资金合计	财政专项扶贫资金包括					
		财政发展资金	以工代赈资金	少数民族发展资金	三西资金	扶贫贷款贴息资金	其他
2004	122.01	65.52	40	4.5	2	6.3	3.69
2005	129.93	73.72	40	5.2	2	5.3	3.71
2006	137.01	80.12	40	5.7	2	5.3	3.89
2007	144.04	85.45	40	6.7	2	5.3	4.59
2008	167.34	104.46	40	9.5	2	5.3	6.08
2009	197.3	129.13	40	12.4	3	5.3	7.47
2010	222.68	151.26	40	15.39	3	5.3	7.73
2011	272	192.98	40	20.06	3	5.6	10.36
2012	332.05	241.28	42	28.37	3	5.6	11.8
2013	394	290.13	42.2	36.90	3	5.6	16.17
2014	432.78	338.41	42.2	40.59	3	5.6	8.17
2015	467.5	365.56	42.2	40	3	5 6	10.74

资料来源：国务院扶贫开发办公室，《中国扶贫开发年鉴（2016）》，《中国贫困监测报告（2016）》。

3.1.3 财政扶贫资金投入区域和规模

1. 财政扶贫资金的投入区域

农村财政扶贫资金的投向区域主要为国家扶贫开发工作重点县，1986年第一次确定贫困县后，共进行三次调整（如表3-3所示）。2011年，按照2011年农民人均纯收入低于2300元的贫困标准，国家对贫困地区进行了划分，共包括14个集中连片特殊困难地区和592个国家扶贫工作重点县，总共832个县。其中，集中连片特困地区覆盖全国680个贫困县，交叉覆盖440个国家扶贫开发工作重点县。根据2017年财政部颁布的《中央财政专项扶贫资金管理办法》，财政扶贫资金的投入区域沿用了这一标准，财政扶贫资金仍主要投入于县域交通不便的偏远山区、少数民族众多和经济不发达的涉及22个省份的14个集中连片特困地区和592个扶贫工作重点县（如图 3-1 所示），2019 年加大了对"三区三州"贫困地区的支持力度，专门安排"三区三州"144 亿元，并将资金分解到具体区、州。

表 3-3　　　　　　　　不同时期的财政扶贫资金投入区域比较

项目	1984 年	1994 年	2001 年	2011 年	2017 年
政策文件	《关于帮助贫困地区尽快改变面貌的通知》	《国家八七扶贫攻坚计划（1994—2000年）》	《中国农村扶贫开发纲要（2001—2010年）》	《中国农村扶贫开发纲要（2011—2020年）》	《中央财政专项扶贫资金管理办法》
设定标准	1985 年农民人均收入农区县低于 150 元、牧区县 200 元、革命老区县 300 元标准	按照 1992 年农民人均收入低于 400 元的标准	按照 1999 年农民人均收入低于 865 元的标准	按照 2011 年农民人均纯收入低于 2300 元的标准	以 2011 年不变价，确定农民人均收入低于 2952 元的标准
贫困县总数	18 个贫困地带、331 个国家重点扶持贫困县	27 个省（市、区）、592 个国家重点扶持贫困县	东部地区不再设立国家级重点县，国家扶贫开发重点县仍为 592 个	14 个集中连片特殊困难地区和 592 个国家扶贫工作重点县，共 832 个县	14 个集中连片特殊困难地区和 592 个国家扶贫工作重点县

资料来源：国务院扶贫开发领导小组办公室和财政部网站整理汇总，http://www.cpad.gov.cn/，http://nys.mof.gov.cn/zhengfuxinxi/czpjZhengCeFaBu_2_2/201703/t20170324_2564995.html，2019。

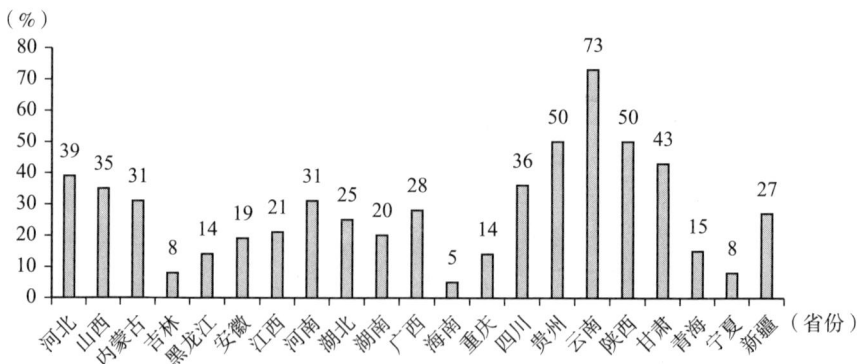

图 3-1　国家确定的 592 个国家扶贫工作重点县分布

资料来源：国务院扶贫开发办公室：《中国扶贫开发年鉴（2018）》，中国财政经济出版社 2019 年版。

2. 财政扶贫资金的投入规模

我国14个集中连片特区主要位于国家的中西部地区，跨越覆盖省份较多，且较为分散，其中密集度最高的地区为国家西南部地区，所涉省份为重庆、贵州、云南、广西等，这些地区均覆盖了大量的少数民族。根据《2018年中国扶贫开发年鉴》、国务院扶贫办数据统计显示（如表3－4所示），2010～2017年，国家对重点贫困地区所涉的22个省份，中央和省级财政专项扶贫资金投入中，贫困人口大省云南、四川、贵州三个省份的财政扶贫资金投入金额明显位于其他省（区、市）前列，反映出国家财政扶贫资金的投入与各省（区、市）的贫困程度基本密切相关。2017年，伴随着我国农村扶贫工作开展的难度加大，财政扶贫资金的投入规模也在增加，如表3－4所示，多数省份的中央财政扶贫资金的投入都高于2015年各省中央财政扶贫资金和省级财政扶贫资金的总和，可见中央在不断加大对扶贫工作的重视程度。

表3－4　　　2010～2017年主要省（区、市）投入的财政扶贫资金统计表

单位：亿元

省份	连片特区贫困县	扶贫工作重点县	财政扶贫资金（中央和省级）						中央财政专项
			2010	2011	2012	2013	2014	2015	2017
河北	22	39	6.13	9.87	11.17	23.26	25.1	26	26.46
山西	21	35	10.26	15.31	15.51	17.83	19.83	23.2	32.55
内蒙古	8	31	10.15	9.1	18	20.7	22.99	33.9	22.84
吉林	3	8	5.02	5.41	6.8	7.6	8.31	8.44	12.59
黑龙江	11	14	4.25	4.95	6.46	8.09	9.14	10.02	22.64
安徽	12	19	8.95	10.7	10.58	12.9	14.24	16.4	32.04
江西	17	21	6.5	8.04	14.41	16.75	23.02	24.76	26.44
河南	26	31	11.52	12.1	19.48	23.35	27.04	28.74	39.48
湖北	26	25	7.24	10.99	13.22	15.26	17.65	40.6	35.38
湖南	37	20	10.6	9.49	11	16.6	20	24	42.78
广西	29	0	12.64	16.29	18.73	22.98	28.99	37.3	53.31
重庆	12	14	11.15	13.36	14.88	15.6	25.8	40.1	22.37

续表

省份	连片特区贫困县	扶贫工作重点县	财政扶贫资金（中央和省级）						中央财政专项
			2010	2011	2012	2013	2014	2015	2017
四川	60	36	20.09	25.31	52.29	42.22	56.77	55.98	50.66
贵州	65	50	17.4	30.39	31.77	37.78	43.27	52.46	75.43
云南	85	73	24.83	33.17	42.25	50.24	56.77	61.12	71.72
西藏	74	0	8.16	7.14	15.35	18.27	19.8	16.75	43.3
陕西	43	50	11.6	17	24.31	27.57	31.9	36.84	44.11
甘肃	57	43	16.76	21.8	27.61	33.35	36.76	61.89	71.63
青海	40	15	7.93	8.84	13.92	16.93	21.35	19.12	25.36
宁夏	7	8	7.82	8.4	9.19	9.93	10.64	13.65	18.13
新疆	24	27	9.23	16.73	23.55	30.92	37.5	45.3	57.21
海南	0	5	2.47	3.42	6.98	7.53	7.21	9.14	12.21

资料来源：根据历年《中国扶贫开发年鉴》、各省统计年鉴、国务院扶贫办网站数据汇总。

3.1.4　财政扶贫资金投向类型和结构

我国农村财政扶贫资金目前基本是按照资金项目的方式运作，项目得到相关部门认可后，根据相关规定予以拨付启动资金。由于资金性质的差异，投向结构也不同。目前，国家对农村财政扶贫资金主要方向为培育壮大特色农业产业、改善基本生产生活条件、贫困农户就业、扶贫贷款贴息四个方面，具体包括了农业生产和加工产业、农村基础设施产业、农村科教文卫事业及其他，以 2018 年为例，四项资金支出占比分别为 15%、29%、13% 和 20%，其中，农村基础设施产业 29% 的资金支出占比最高，其余依次为科教文卫、农业生产和其他。在扶贫资金的具体投入中，农业、公路建设、危房改造、农村中小学建设等支出占比均高于 6%，反映出以上扶贫项目是国家财政扶贫资金投入贫困地区最为关注和重视的扶贫设施项目（如图 3-2、图 3-3 所示）。2012～2017 年，农村贫困地区财政扶贫资金具体投入中，生产加工项目中农业资金投入占比均高于其他种养殖业资金投入，比例达到 8.9%、10%、9.2%、9.1%、8.9%、6.7%；

在基础设施资金投入中，易地扶贫搬迁资金投入占比较高；而科教文卫事业中，财政扶贫资金的大部分资金主要用于农村中小学建设，通过建设中小学校和改善中小学校营养餐计划等配套措施，发展基础教育事业（如表 3 - 5 所示）。

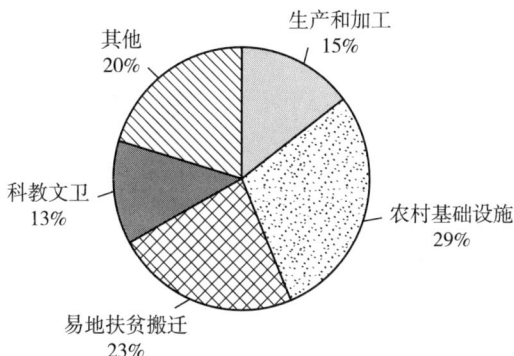

图 3 - 2　2018 年农村财政扶贫资金的投向分布情况

资料来源：《2018 年中国农村贫困监测报告》，中国统计出版社 2019 年版。

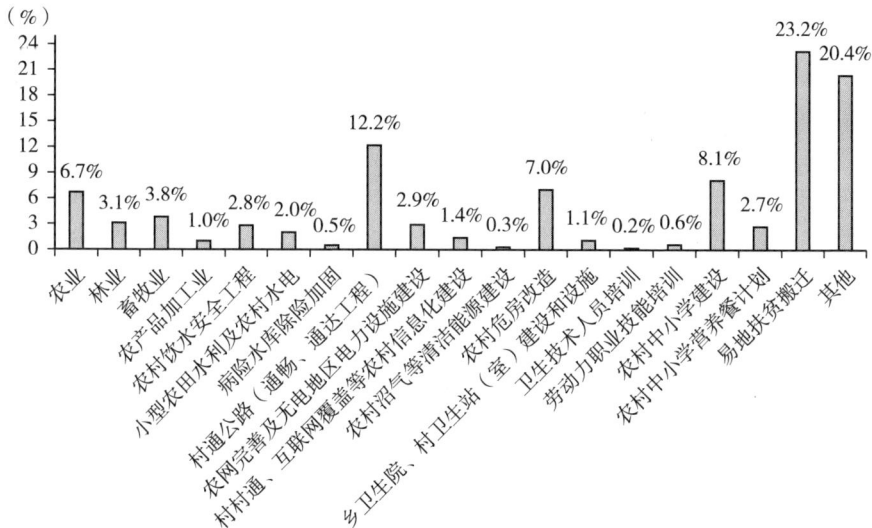

图 3 - 3　2018 年农村财政扶贫资金的主要投向比重

资料来源：《2018 年中国农村贫困监测报告》，中国统计出版社 2019 年版。

表 3 – 5　　　　2012 ~ 2017 年财政扶贫资金的主要投向比重　　　单位：%

主要种类	资金投向	2012 年	2013 年	2014 年	2015 年	2016 年	2017 年
生产和加工	农业	8.9	10	9.2	9.1	8.9	6.7
	林业	6.4	5.7	4.9	5.4	3.8	3.1
	畜牧业	5.5	6.4	5.3	5.4	6.0	3.8
	农产品加工业	2.5	2.6	1.6	1.4	0.8	1.0
农村基础设施	农村饮水安全工程	2.7	2.7	2.7	2.7	2.0	2.8
	小型农田水利及农村水电	3.3	4	4.1	2.6	2.2	2.0
	病险水库除险加固	2.2	1.4	0.9	0.8	0.5	0.5
	村通公路（通畅、通达工程）	9.4	11	12.8	14.6	10.3	12.2
	农网完善及无电地区电力设施建设	3.6	2.5	3	3.4	2.8	2.9
	村村通、互联网覆盖等农村信息化建设	1.2	1.1	0.9	1.8	1.2	1.4
	农村沼气等清洁能源建设	0.9	0.6	0.4	0.3	0.3	0.3
	农村危房改造	9.3	9	7.7	7.6	6.5	7.0
	易地扶贫搬迁	4.6	4.8	5.5	4.6	17.1	23.2
科教文卫	乡卫生院、村卫生站（室）建设和设施	1.3	1.4	1.2	1.1	0.8	1.1
	卫生技术人员培训	0.1	0.1	0.1	0.1	0.1	0.2
	劳动力职业技能培训	0.8	1.1	0.8	0.6	0.5	0.6
	农村中小学建设	10.6	11.6	11.3	10.0	7.3	8.1
	农村中小学营养餐计划	7.6	5.9	5.2	4.5	3.5	2.7
其他		19	18.3	22.5	24.2	25.4	20.4

注：《2019 年中国农村贫困监测报告》未公布 2018 年的财政扶贫资金主要投向比重情况。

资料来源：《2018 年中国农村贫困监测报告》，中国统计出版社 2019 年版。

2017～2019 年,《中央财政专项扶贫资金管理办法》为因地制宜、因户施策地利用财政扶贫资金,提出了财政资金可围绕培育贫困地区特色产业、改善小型公益性生产生活设施条件、增强贫困人口自我发展能力和抵御风险能力等方面安排使用,支出范围不再具体化,而是采取负面清单的方式,明确了资金不得支出的范围,一定程度上扩大了资金投向。

3.2　多层次的资金管理体系

3.2.1　财政扶贫资金管理主体

现阶段,农村财政扶贫资金是由中央统一下拨、分配到国家多个政府管理部门的专项资金,主要涉及包括国务院扶贫开发领导小组、农业农村部、教育部、发改委、农委、卫计委等部门,其中,国务院扶贫开发领导小组是协调和整合扶贫工作的政策、规划和统一实施调动的部门,扶贫开发办公室设立于扶贫开发领导小组之下,具体统筹、分配中央与地方扶贫工作政策和具体实施的部门;截全 2020 年,扶贫开发领导小组成员由国家多个部门组成,具体包括国务院办公厅、财政部、发改委、人民银行、国家民委、民政部、教育部、科技部、水利、农业农村部、中国农业银行、人力资源和社会保障部等 30 多个部门。

目前,我国农村扶贫组织体系的核心部门主要是中央和地方各级的扶贫开发领导小组办公室、发改委、财政部和中国农业银行,其他部门在扶贫过程中根据自身的职能予以履行扶贫职责。其中扶贫办主要协调多部门的扶贫工作和国家扶贫政策的执行部门,财政部为财政扶贫资金的制定预算和组织拨付扶贫资金的部门,而其他部门多主要参与到和自身业务相关的农村扶贫开发工作中。水利、交通、林业、教育、农业和卫生部门,除负责贫困地区的各项扶贫事业发展外,还是直接参与项目的重要主体部门,具体如图 3-4 所示。扶贫工作的开展是以国务院扶贫工作领导小组为主要组织者,并联合各中央层面、省级层面、县级层面、乡级层面和村级层面,最终到农户的层级组织结构。该结构同时也符合我国中央与地方职能分层的五级政府分工体系。

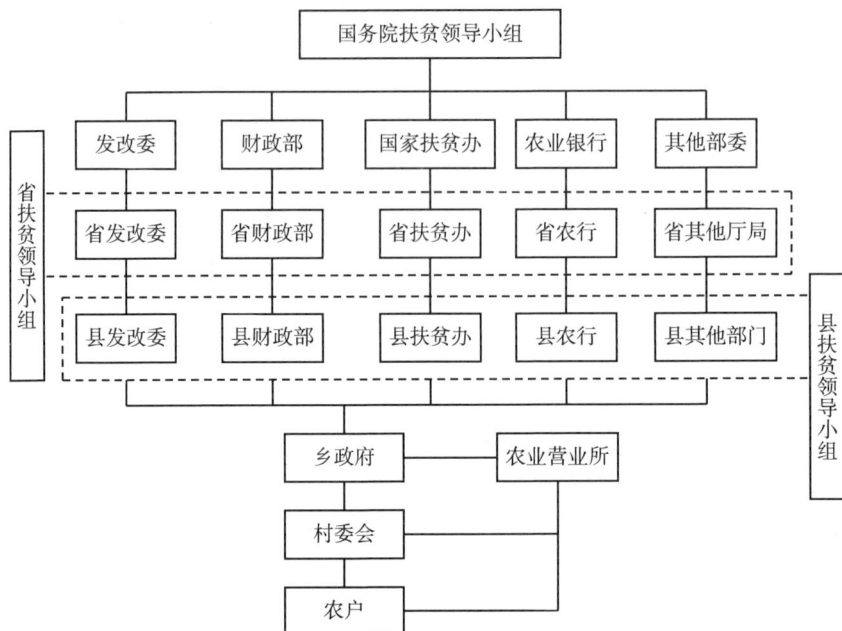

图 3 - 4　中国政府农村财政扶贫资金管理体系

3.2.2　各管理主体的财政扶贫资金投向

现阶段，农村财政扶贫资金的管理是分层次的，不同层次的管理权限和资金管理总量均有很大的区别。根据部门口径划分，农村财政扶贫资金由财政部向各扶贫相关部委层次的资金划拨，需根据各部委上一年和本年度的财政扶贫资金的执行和预算情况进行拨付，管理权限即由财政部转移到各扶贫相关部委。而各部委再根据地方层次的相应部门的上一年实际支出情况和本年度的预算情况，给予地方层级的扶贫资金拨付，并转移管理权。另外，农村财政扶贫资金的管理是分类型的，根据不同农村财政扶贫资金的使用方向和情况分类型进行部门管理。如表 3 - 6 所示，不同类型的财政扶贫资金的主管单位不同，如"三西"建设资金的主管单位为国务院扶贫办，以工代赈资金负责管理和下拨的单位为发改委；除此之外，不同类型的扶贫资金的使用方向差异较大，且多依赖于主管部门的专业投入方向，这就可能造成多项扶贫资金零散分布于各个部门，各部门之间缺乏沟通和协调，资金使用效率将大大降低。

表 3 – 6　　2017 年分层次、分类型的财政扶贫资金管理部门与投入方向统计

财政资金	主管单位	使用方向
财政发展资金	财政部	支持贫困地区的生产性项目（重点发展种植业、养殖业、科技扶贫等）、大型基础设施项目（农田、水利、道路）和公共服务设施（教育、卫生、电视广播）
以工代赈资金	国家发展与改革委员会	用于支付贫困地区农户或贫困农户提供劳动进行基础设施建设的工资收入
"三西"农业建设资金	国务院扶贫办	对三西（甘肃河西、甘肃定西、宁夏西海固）贫困地区实施建设开发式扶贫工作
少数民族发展资金	国家民族事务委员会	支持贫困地区少数民族地区推进兴边富民行动、扶持人口较少的民族发展、改善少数民族生产和生活条件的专项扶贫资金
支持农村贫困地区发展生产、改善扶贫对象生产、生活条件的资金	农业部财政部农业综合开发办公室国家林业局	（1）强农惠农的相关补贴。如：粮食直补、产量大县奖励资金； （2）农村饮水安全工程沼气工程、易地扶贫搬迁等资金； （3）现代农业生产发展、小型农田水利建设、农业综合开发、村级公益一事一议的财政奖补资金； （4）退耕还林、森林生态效益补偿，内蒙古、新疆等 8 个西部主要草原牧区省（区），草原生态保护补助奖励
支持农村贫困地区教育、计划生育事业发展资金	教育部国家卫生和计划生育委员会	（1）义务教育薄弱学校改造专项补助资金； （2）计划生育奖励扶助、"少生快富"补助、计划生育家庭的特别扶助资金
支持农村贫困地区医疗卫生事业发展资金	人力资源和社会保障部国家卫生和计划生育委员会	（1）新型农村合作医疗制度补助资金； （2）农村贫困地区医疗救助补助资金； （3）贫困地区建立国家基本药物制度资金； （4）支持推进医药卫生体制改革资金； （5）农村卫生服务体系建设与发展资金； （6）中西部地区农村卫生人员培训资金； （7）农村贫困地区引进和培养医疗卫生服务人才资金
支持农村贫困地区社会保障事业发展资金	民政部人力资源和社会保障部	（1）农村贫困地区大中型水库移民后期扶持资金； （2）中央专项彩票公益金支持贫困革命老区县发展资金

续表

财政资金	主管单位	使用方向
农村贫困地区大中型水库移民后期扶持及彩票公益金支持扶贫开发资金	民政部	中央财政安排一般转移支付，以及其他有关专项转移支付时，向农村贫困地区和人口倾斜

资料来源：国务院扶贫办、财政部、民政部、发改委等系统部门网站的内容整理汇总。

3.3　因素法的资金分配机制

3.3.1　因素分配法的制定

1997 年，财政部联合国家发改委、国务院扶贫办联合下发了《国家扶贫资金管理办法》，首次提出了全国各级财政根据各地扶贫重点使用因素分配法安排财政扶贫资金的分配，从此因素分配法成为我国财政扶贫资金分配的主要推行办法。2017 年，财政部联合国务院扶贫办、国家发改委颁布了《中央财政专项扶贫资金管理办法》，更加具体化了资金分配因素的说明，重点兼顾考虑了扶贫开发工作成效考核、财政扶贫资金绩效考评结果和涉农资金整合成效，指标更加趋于全面和具体化（如表 3 - 7 所示）。

根据图 3 - 5 所示，尤其是 2015 年数据显示，各省贫困人口规模、贫困发生率、人均可支配收入和人均消费支出与财政扶贫资金的分配具有一定的关系：（1）贫困人口规模与财政扶贫资金分配额呈正向关系，贫困人口的规模越高，资金的分配越多 ［图 3 - 5 (a)］；（2）贫困发生率与资金分配额呈正向关系，贫困发生率越高，资金分配越多 ［图 3 - 5 (b)］；（3）贫困人口的人均可支配收入与财政扶贫资金分配呈反向关系，人均可支配收入越多，资金分配越少 ［图 3 - 5 (c)］；（4）贫困人口的消费支出与财政扶贫资金分配呈反向关系，人均消费支出越多，资金分配也越少 ［图 3 - 5 (d)］。从这四个要素与财政扶贫资金的分配明显的关系，一定程度也说明了现阶段的资金分配主要取决于这几个因素。

表3-7 不同时期的财政扶贫资金分配因素比较

时间	1997年	2000年	2011年	2017年
政策依据	《国家扶贫资金管理办法》	《财政扶贫资金管理办法（试行）》	《财政专项扶贫资金管理办法》	《中央财政专项扶贫资金管理办法》
因素分配法中所涉因素	①国家扶贫方针政策； ②贫困人口数； ③贫困县数； ④自然条件； ⑤基础设施状况； ⑥地方财力； ⑦贫困地区农民人均纯收入； ⑧资金使用效率； ⑨其他	①国家扶贫方针政策； ②贫困人口数； ③贫困县数； ④自然条件； ⑤基础设施状况； ⑥地方财力； ⑦贫困地区农民人均纯收入； ⑧资金使用效益； ⑨其他	主要包括：各地扶贫对象规模及比例、农民人均纯收入、地方人均财力、贫困深度等客观因素和政策性因素。具体为： ①客观因素指标取值主要采用国家统计局等有关部门提供的数据。 ②政策性因素主要参考国家扶贫开发政策、中央对地方扶贫工作考核及财政专项扶贫资金使用管理绩效评价情况	主要包括：贫困状况、政策任务和脱贫成效等。具体为： ①贫困状况为各省贫困人口规模及比例、贫困深度、农民人均纯收入、地方人均财力等反映贫困的客观指标。 ②政策任务为国家扶贫开发政策、年度脱贫攻坚任务及贫困少数民族发展等工作任务。 ③脱贫成效为扶贫开发工作成效考核结果、财政专项扶贫资金绩效评价结果、贫困县开展统筹整合使用财政涉农资金试点工作成效等
分配方案部门	财政部、发改委、农业银行	财政部、发改委、扶贫办	财政部、发改委、扶贫办	财政部、发改委、扶贫办

资料来源：中华人民共和国财政部网站，http://www.mof.gov.cn/index.htm。

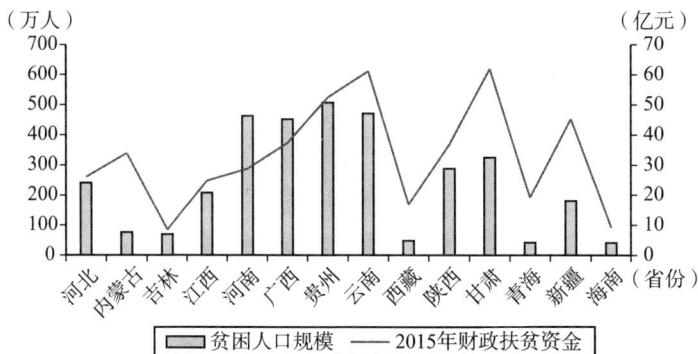

（a）

（b）

（c）

（d）

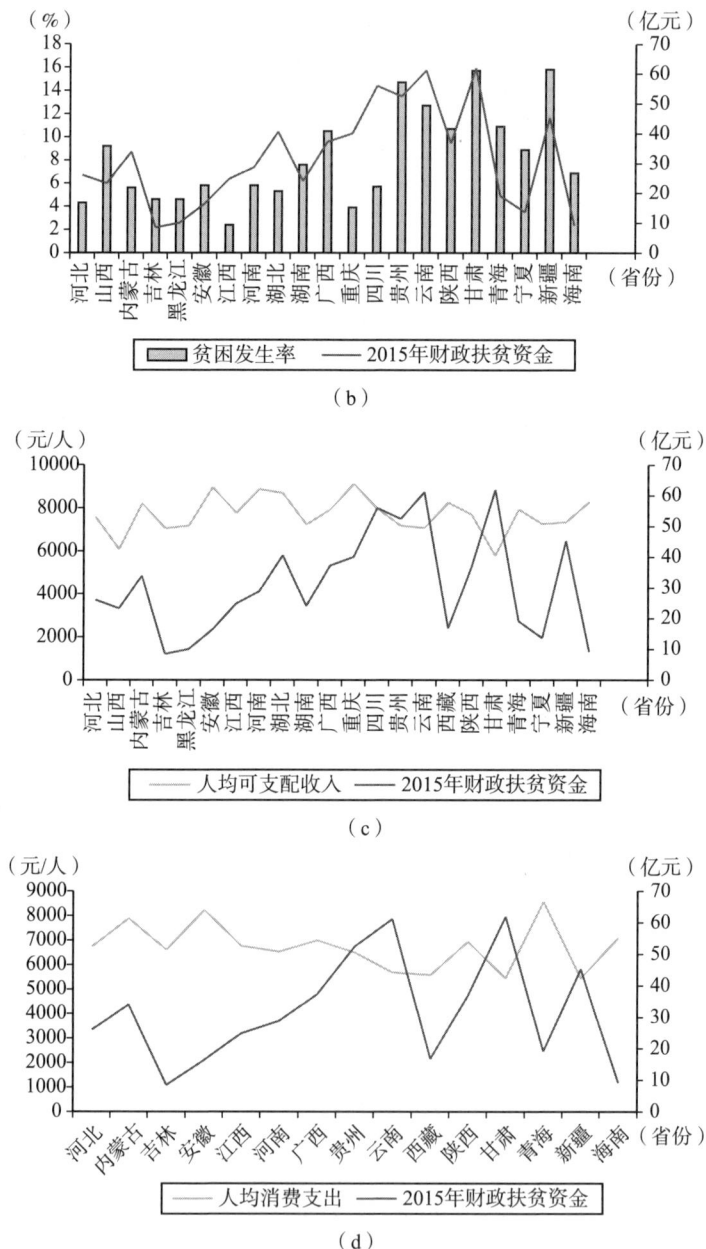

图 3－5　各省区财政扶贫资金投入与相关因素之间的关系

资料来源：根据国务院扶贫开发办公室：《中国扶贫开发年鉴（2016）》，中国财政经济出版社 2017 年版汇总整理。

3.3.2 财政扶贫资金分配情况

1987 年以来，我国农村财政扶贫资金按照不同时期的分配方法进行了资金分配，如表 3－8 所示，随着我国对扶贫工作的更加重视和社会经济的发展，农村财政扶贫资金分配总额在不断增加；自财政扶贫资金投入使用以来，按照国家颁布的财政扶贫资金管理办法，地方财政配套资金一般占中央财政扶贫资金的比例为 30%~50%，根据《中国扶贫开发年鉴》历年统计数据整理可以看出，地方配套资金在中央财政扶贫资金的占比是符合 30%~50% 的区间值。同时，随着中央财政扶贫资金的投入，贫困地区的经济在有所好转的情况下，地方配套资金的投入也不断增加，因此，用于贫困县的财政扶贫资金总额也呈上升趋势。同时，还可以看出，2001~2010 年这 10 年财政扶贫资金的投入额与 2011~2017 年这 7 年投入额是接近的，反映出近 6 年来我国政府对扶贫工作的重视程度。

表 3－8 　　　　　不同扶贫周期的财政扶贫资金分配金额情况　　　单位：亿元

周期	贫困县数量	中央财政扶贫资金	地方财政配套的扶贫资金	用于贫困县资金	县平均扶贫资金
1987~1993 年	331	151.8	60.72	212.52	0.11
1994~2000 年	592	465.95	186.38	652.33	0.16
2001~2010 年	592	1440.37	576.15	1814.87	0.31
2011~2017 年	832	1898.42	906.87	2323.96	0.62

资料来源：国务院扶贫开发办公室：《中国扶贫开发年鉴（2018）》，中国财政经济出版社 2019 年版。

3.4 项目式的资金拨付与使用

1985 年以来，我国财政扶贫资金拨付与使用均是以具体的扶贫项目为依据，由中央财政向省级财政、省级财政向县级政府下达财政资金。随着我国扶贫工作的逐步推进，项目式的资金拨付与使用也在不断完善和创新。

3.4.1　财政扶贫资金的拨付机制

自 1987 年的《支援经济不发达地区发展资金管理办法》到 2017 年《中央财政专项资金管理办法》（如表 3 - 9 所示），财政扶贫资金主要是以扶贫项目的形式审定拨付。2001 年之前，我国农村财政扶贫资金的拨付流程主要为：每年 3 月份财政预算通过全国人民代表大会（以下简称"人大"）审核后，将中央一级的财政资金按照预算情况拨付到各省（区、市）的省级财政厅，再由省级财政厅按照贫困县申请的项目统一将资金拨付到贫困县财政局，县财政局再将资金拨付给县域的其他扶贫部门如县发改局、农业局、扶贫办等部门，最后再按照各基层政府部门的预算项目下拨到乡镇级政府。这种层层下拨、"先资金再项目"的资金拨付方式，将财政资金"切块化"分割到各个部门，资金拨付的效率和开展扶贫工作的时效性大大降低，受资金拨付时效的影响造成县级政府"突击花钱"、资金挪用的现象层出不穷，导致财政扶贫资金的扶贫效果大打折扣。

表 3 - 9　　　　　　　　　不同时期的财政扶贫资金拨付政策规定

时间	1997 年	2001 年	2011 年	2014 年	2017 年
政策文件	《国家扶贫资金管理办法》	《财政扶贫资金管理办法（试行）》	《财政专项扶贫资金管理办法》	《关于改革财政专项扶贫资金管理机制的意见》	《中央财政专项扶贫资金管理办法》
资金类型	支援不发达地区发展资金、新增财政扶贫资金	财政发展资金、新增财政扶贫资金、以工代赈资金	中央财政专项扶贫资金	财政专项扶贫资金	中央财政专项扶贫资金
关于拨付内容	由财政部每年 3 月底前下达，6 月底前将资金全部拨付到省（自治区、市）财政厅（局）	中央财政在人大批准预算后 1 个月内下达省财政厅（局），县级首批下达时间不得超过 1 个月	财政部采取提前下达预算方式，将资金按一定比例提前下达省财政厅（局），省财政即时下拨到县，拨款文件报送财政部	中央财政上一年度提前下达的资金，省财政每年 3 月底前下达到县其余资金，省财政应 2 个月内下达完毕	财政部按当年预计执行数一定比例，将下一年度资金预计数提前下达各省财政，并抄送财政部驻当地财政监察专员办事处

资料来源：财政部网站政策文件整理汇总。

2001 年之后，《中国农村扶贫开发纲要（2001～2010 年）》规定了财政扶贫资金安排的建设项目管理部门由省级管理，省级以下的资金不能再层层切块。2011 年财政部农业司出台《财政专项扶贫资金管理办法》，对农村财政扶贫资金首批下达的时间、提取管理费用比例、资金的用途进行了具体规定，农村财政扶贫资金的拨付效率一定程度上有所提高。2014 年，《国务院扶贫开发领导小组关于改革财政专项扶贫资金管理机制的意见》规定了财政扶贫资金的省级政府下拨到县级财政的时间期限，其中对于中央财政上一年度提前下达的拨款要求省级财政每年 3 月底下达完毕，其余中央拨款省级财政的，应于中央财政下达 2 个月内下达完毕（以发文时间为准）；此外，2017 年，还规定了扶贫资金项目审批完全下放县级政府，加快了财政扶贫资金拨付时间进度，目前已经基本解决了扶贫资金拨付延迟的问题。

3.4.2　财政扶贫资金的使用机制

1. 财政扶贫资金的使用主体

2001 年《中国农村扶贫开发纲要（2001～2010 年）》规定了省级扶贫办是实施管理扶贫项目的单位，而县级扶贫办只有扶贫规划、项目储备、推荐的权限，2011 年以后，《中国农村扶贫开发纲要（2010～2020 年）》提出将扶贫项目的审批权限下放县级扶贫办，而其他权限并未改变。2014 年，国务院扶贫开发领导小组颁布的《关于改革财政专项扶贫资金管理机制的意见》明确规定了 2015 年起，绝大部分项目审批权和资金使用权下放到县，除中央规定的"负向清单"外，县级政府可自主确定扶持项目和所需资金的权利。因此，2015 年至今，随着资金项目审批权的下放，贫困县级政府是影响农村财政扶贫资金使用效果和效率的直接部门，项目的具体实施主体是县级政府的各个部门，如农业局、林业局、教育局、发改委等部门。

2. 财政扶贫资金的使用方向

我国财政扶贫资金的使用方向主要是面向提高贫困地区和贫困人口自我发展能力，主要做法包括了向贫困地区和贫困人口让利、改善贫困地区物质基础设施和公共服务以及提高贫困人口自我发展能力三个方面。

（1）贫困地区和贫困人口让利。此方面主要通过提供优惠政策，使贫困地区获得特殊的发展条件减轻或消除因自然条件和发展落后而导致的地方发展限制，在局部形成政策优势，如土地政策、信贷政策、农产品政策，出让部分中央政府和地方政府的收益给贫困地区和贫困人口，或者改善环境、提高竞争和发展能力，或者直接增加福祉。

（2）改善贫困地区物质基础设施和公共服务。此方面一直是我国财政专项扶贫开发工作优先和重点开展的领域。根据国家统计局对 2000 年来贫困县扶贫资金投向统计，基础设施和公共服务方面投入一直占外部到达贫困县资金的 50% 以上，而财政扶贫资金占比高达 80% 左右。其中"以工代赈"和"整村推进"项目是主要起改善贫困地区物质基础设施和公共服务作用。

（3）提高贫困人口自我发展能力。这方面主要通过提高贫困农户获得信贷服务机会、培训农村劳动力、产业扶贫和科技扶贫的方式，此外，易地扶贫搬迁也作为提高贫困人口自我发展能力的应用之一。一是信贷扶贫。信贷扶贫资金投入主要为财政贴息和贫困资金互助社投入两种方式。自 1984 年以来，我国一直就采取了财政贴息方式通过承贷金融机构向贫困地区和贫困人口提供专项扶贫贷款，以改善贫困地区和贫困人口的金融信贷服务，截至 2018 年末，我国专项扶贫贷款累计发放 4685 亿元[①]。除此之外，以财政扶贫资金设立的贫困村资金互助社试点，是目前为贫困农户提供贷款的主要来源。二是贫困地区劳动力转移培训。受地方发展条件和发展机会的约束，多数地区存在不同程度的劳动就业不充分现象，而贫困地区劳动力转移培训是通过培训贫困地区劳动力外出就业技能和适应性，增加贫困地区劳动力外出就业的报酬率和稳定性，从而改善贫困地区在经济发展中利益边缘化、增加贫困地区贫困人群经济增长中受益的途径而采取的一项重要措施。20 世纪 90 年代以来，中央财政安排专门培训经费，将财政扶贫资金的 10% 用于对贫困地区劳动力转移培训的补贴，还对中西部地区劳动力培训工作给予重点资金倾斜，至 2018 年末，已帮助 2000 多万人次贫困地区劳动力接受不同形式技能培训，其中绝大多数都是在非农部门获得就业。三是农业化产业扶贫。农业化产业扶贫是通过支持

---

① 中国统计局住户调查办公室：《2019 年中国农村贫困监测报告》，中国统计出版社 2019 年版。

贫困地区依靠地方资源、服务或带动贫困农户增收的龙头企业发展，采用"公司＋农户"或订单农业方式，解决贫困地区小规模农业生产面临的生产技术不足、市场信息不充分和资金受约束的问题的扶贫方式。2005 年，国务院扶贫办认定了第一批 673 家国家级扶贫龙头企业，截至 2018 年，国家级扶贫龙头企业已增加到了 4000 多家，对认定的龙头企业国家在财政、信贷和培训等多方面给予支持。四是科技扶贫。这项措施是 20 世纪 80 年代中期国家针对贫困地区生产技术落后、技术人才缺乏、农民实用技术缺乏科技等状况所采用的扶贫措施，现阶段主要通过财政扶贫资金支持贫困地区建立科技扶贫示范乡、村，实施科技振兴特色产业促进行动，开展科技培训与科技普及工作，以及在贫困地区传播科技知识和技术成果等方式，实现农业、科研、教育三种结合的形式，很大程度上提高了农民生产素质和自我发展能力。五是易地扶贫搬迁。农村贫困地区致贫原因很大一部分是由于所处区域缺乏基本生存条件，将居住于不具备基本生存条件的人口迁移到条件更好的地区脱贫致富，是 20 世纪 80 年代以来我国财政扶贫资金重点扶持的重要内容和形式。目前，国家更是加大易地扶贫搬迁的力度，在"政府引导、群众自愿、政策协调、讲求时效"的指导方针下，中央对易地扶贫搬迁的群体，安排易地扶贫搬迁专项补贴额度从 2001 年最初的贫困人口 6000 元/人上升到 2018 年不低于 6 万元/人的标准，以及地方政府额度各异的移民搬迁配套资金，有效解决了部分贫困地区和贫困人口因缺乏生存条件和环境恶劣而导致的贫困。

3.5　问题导向的资金绩效评价

财政扶贫资金的绩效评价是依据国家扶贫方针和政策文件，各级政府对财政扶贫资金投入、管理、使用等一系列环节所取得成效进行评价和检验的过程，通过绩效评价体系的设立，有助于改善和解决资金投入与运行过程中存在的部分问题，为有效提高财政扶贫资金的运行效率提供技术支撑。

3.5.1　财政扶贫资金绩效评价主体

2017 年 9 月 20 日，在《财政扶贫资金绩效考评试行办法》的基础上，财政部联合国务院扶贫办印发了《财政专项扶贫资金绩效评价办法》，规定了从 2017 年 9 月 30 日起施行新办法，办法中指出了我国财政扶贫资金绩效评价主体主要为分级实施的政府主体，其中，主要以财政部和国务院扶贫办负责对省（自治区、直辖市）的财政扶贫资金使用情况进行绩效评价，省（自治区、直辖市）财政部门、扶贫办负责对扶贫工作重点县的财政扶贫资金绩效考评。对各省（自治区、直辖市）考评完成后，财政部、国务院扶贫办将考核结果在全国予以通报，并报财政部、国务院扶贫办备案。

3.5.2 财政扶贫资金绩效评价的内容

根据 2017 年《中央财政专项扶贫资金管理办法》的指引下，2017 年 9 月财政部新下发的《财政专项扶贫资金绩效评价办法》明确了建立财政扶贫资金使用问题为导向的资金绩效评价办法，将 2008 年资金绩效评价试行办法中的"资金投入与使用"指标标准更加细化，分别从财政扶贫资金的投入、拨付、监管、使用四个方面的问题为导向对财政扶贫资金的绩效评价指标进行了合理划分，并在分项指标中增加了更具扶贫特色的"精准使用"和"资金整合成效"指标，一方面增加了对财政扶贫资金使用和项目实施效益方面的评价指标；另一方面也与《中央专项财政扶贫资金管理办法》中所提出的将扶贫开发工作考核结果、专项扶贫资金绩效评价结果和贫困县整合涉农资金成效作为脱贫成果指标进行了完整的结合。此外，新的绩效评价办法还将考评结果的 A ~ E 五级评分标准缩减为优秀、良好、及格和不及格的四级标准，取消了适当奖励标准，除将评价结果计入财政分配因素外，还增加了计入省级党委和政府扶贫工作成效考核的要求。2019 年 11 月，财政部调整财政专项扶贫资金绩效评价指标，评价指标的调整主要涉及三方面：一是充实了资金使用效益的评价内容，新增"贫困县退出"等指标，引导推动各地在资金使用效益上下功夫，进一步加强"指挥棒"作用。二是提高了抽查项目数量，增加了抽查的广度和深度，使对工作成效的评价更加客观准确。三是加强对突出问题的扣分力度，建立严重问题不得评优的机制，强化了标尺作用。如表 3 - 10 所示，目前新的财政扶贫资金绩效评价内容主要包括五部分、十方面的指标评分标准。

表3-10 不同时期财政扶贫资金绩效评价办法的评价指标

时间	2008 年	2019 年
政策文件	《财政扶贫资金绩效考评试行办法》	《财政专项扶贫资金绩效评价办法》
指标评分标准	（1）扶贫成效方面（45 分） ①贫困人口减少进度（20 分）； ②贫困县农民人均收入增长幅度（10 分）； ③贫困人口收入增长幅度（15 分）； （2）财政扶贫资金的管理与使用（45 分） ④上下级财政资金拨付的资金到位情况（10 分）； ⑤省级财政预算安排扶贫资金情况（10 分）； ⑥财政扶贫资金投向情况（5 分）； ⑦财政扶贫资金使用重点情况（8 分）； ⑧年度项目计划完成情况（12 分）； （3）省级部门扶贫工作评价（10 分） ⑨省级扶贫工作时间、质量、资金信息录入情况（10 分）； ⑩违规违纪情况（－15 分）	（1）资金投入情况（8 分） ①财政扶贫资金的增幅情况（3 分）、省级和中央财政专项扶贫资金安排比例（3 分）、省级安排中央资金情况（2 分）； （2）资金拨付进度（5 分） ②财政扶贫资金的拨付时间效率（5 分）； （3）资金监管情况（13 分） ③信息的公开、公告制度建设和执行情况（5 分）； ④监督检查制度建设、执行情况（8 分）； （4）资金使用成效（74 分） ⑤年度资金结转结余率（15 分）； ⑥资金统筹整合使用成效（16 分）； ⑦贫困人口减少（10 分）； ⑧精准使用情况（28 分）； ⑨贫困县退出（5 分）。 （5）加减分指标 ⑩资金机制、扶贫机制等创新（max +3）、违规违纪情况（min －10）

资料来源：财政部网站政策文件汇总整理，http：//www.mof.gov.cn/zhengwuxinxi/caijingshidian/zgcjb/201911/t20191115_3422924.htm。

此外，财政扶贫资金投入与运行机制还包括了资金的财务管理、监督检查和信息监测环节。其中，财政扶贫资金财务管理的依据为 2001 年财政部下发的《财政扶贫资金报账制管理办法（试行）》，该办法中提出财政扶贫资金采取专户管理、报账制，按照扶贫项目实施单位根据项目实施责任书、项目实施计划和项目施工进度，提出用款计划并报账凭据，按规定报财政部门的资金管理制度。财政扶贫资金监督检查是依据《中央专项财政扶贫资金管理办法》以审计、纪检监察、检察机关部门为监督检查主体，各级财政部门、发改委、扶贫办等部门加强配合，对财政扶贫资金使用情况进行扶贫资金和项目审计、检查的工作，此外，各地财政专员按照职责要求还需定期或不定期形成监管报告报送财政部，以便于财政部按计划安排开展监督检查。信息监测环节是沿用的 2007 年财政部联合国务院扶贫办、发改委、民委和统计局部门建设"财政扶贫资金管理监测信息系统"，对财政扶贫资金及项目情况、贫困变动情况进行监测，提高财政扶贫资金监督管理水平的运行环节。财政扶贫资金财务管理、监督检查和信息监测环节也属于财政扶贫资金投入与运行机制重要组成部分，有助于财政扶贫资金管理和使用方面的规范化和扶贫各部门合作，有助于财政扶贫资金更为高效、合理运用。

第4章

农村财政扶贫资金投入与运行机制现存的问题及原因分析

4.1 财政扶贫资金投入与运行机制现存的问题分析

4.1.1 资金投入的目标瞄准存在明显偏离

财政扶贫资金投入瞄准机制是非常复杂的系统，它涉及了财政扶贫资金的投向地区、人群和项目活动，其准确与否关系到政府扶贫资源分配的公平与合理性，以及政府开展扶贫工作的有效性。目前，我国区域化的财政扶贫资金投入并非以现金的形式分配于贫困群体，而是以项目的形式由贫困群体申请才可获得，因此，财政扶贫资金投入目标瞄准的准确性关键还要看扶贫项目能否覆盖更多贫困群体，能否真正反映贫困群体的需求。但目前来看，资金投入项目瞄准度还存在以下几个方面的偏离。

1. 部分扶贫资金投入偏离贫困人口和区域

扶贫过程中，扶贫资金项目的投入偏离主要表现在目标受益群体——贫困人口和贫困区域的偏离：一方面是部分贫困群体按照自身意愿不愿获得扶贫项目，因此丧失扶贫资金投入的机会，而处于贫困边缘的脱贫农户又因不符标准而丧失享受扶贫资金权利；另一方面是政府单方面行使、受政府政治意图明显的扶贫项目分配机制，产生了资金投入的目标群体和区域的偏离。具体问题表现在以下两个方面：

第一，部分扶贫资金项目投入偏离贫困人口。目前，从我国整体贫困农户的人口角度分析，贫困人口致贫原因比例占比最高的是因病、因残致贫，以 2016 年为例，全国农村贫困人口 4335 万人，有 44.1% 的贫困人口是因病因残等原因导致贫困[1]。这部分贫困农户多数会因劳动生产能力有限或缺失而丧失自信，也逐渐依赖以最低生活保障的脱贫措施来勉强维持自身最低生存需要，长此以往，不仅贫困农户丧失自我脱贫意识，政府也会在设定扶贫项目时，逐渐忽视了无劳动能力的贫困群体的资金需求，资金项目转而向有劳动能力的贫困群体提供，导致了目前除低保外鲜有专门向无劳动能力贫困人口提供资金项目式支持的现状。但是，对具有劳动能力的贫困人口是否因此就会获得扶贫项目？多数调研结果表明[2]，即便是劳动能力健全的贫困农户也会因自身能力有限、认为项目条件要求较高、不符合项目标准失去项目的参与权，资金项目脱离目标群体的状况仍难以避免。此外，对于容易遭受农业生产风险不确定性、刚脱贫又极易返贫的低收入群体，政府缺少稳定、长效脱贫的财政扶贫资金投入机制。实践中，即使政府有意识的对于极易返贫的低收入人口采取一定的政策措施，但对于多省区的财政扶贫资金投入项目来说，无论是政府的精力投入还是财政扶贫资金的使用规模，都极为有限，如将有限的精力和财力再投入到扶持已脱贫的低收入农户群体的项目和措施，从中央政府要求的"2020年现行标准下农村贫困人口全部脱贫"的目标下地方政府也很难实现两类群体的同时兼顾。

第二，部分扶贫资金项目的投入偏离贫困区域。从贫困县是否通过竞争获取项目的角度划分，目前，我国财政扶贫资金投入贫困县的扶贫项目主要划分为"竞争性"项目和"非竞争性"项目[3]，非竞争项目主要是根据贫困地区的贫困人口和贫困发生率等硬性指标由上级测算，拨付给贫困地区、不存在申报过程中"跑项目"问题，是具有普惠性、基础性的扶贫

---

① 刘永富：《"返贫"是没有根本脱贫》，南方周末网，2018 年 1 月 10 日。

② 根据国务院扶贫办课题组（2016）对 2015 年武陵山片区 8 个贫困县、149 个贫困村的调研数据显示，仅 30% 有劳动能力的贫困人口愿意获得扶贫项目的支持。根据《中国社会发展报告 2016》课题组对 2015 年 S 贫困村调研发现，S 村仅 34.8% 的贫困农户愿意培训或发展产业等脱贫项目。

③ 扶贫项目的竞争并非市场化竞争，而主要集中为不同贫困县之间对政府内部扶贫资源的再分配竞争。据国务院扶贫办（2016）调研统计，竞争性和非竞争性的项目的财政扶贫资金占比约 30% 和 70%。

项目，如产业开发、贴息贷款、基础设施、人才技能培训等项目；竞争项目则是在项目资源有限的条件下，下级政府（市、县级）申请项目需向上级政府（省级）申请报批、上级政府组织专家答辩考核，根据竞争考核成绩分配的扶贫项目，如整村推进、连片开发项目，福利彩票等属于竞争性项目①。对于竞争性项目而言，现实中，上级政府会因项目有限性、能够最大程度引入社会资本投入为目标，采取选择性平衡运作方式分配项目，即在项目名额较少的情况下，上一级政府为在有限扶贫项目下保证下级分配的平衡性，希望通过少量中央财政扶贫资金和吸引多部门更多资金投入以发挥最大扶贫效果的意图下，较少采用项目公平申请和评比的方法分配竞争项目，而是多数采取主观因素，如是否受过上级检查、是否是省委重点帮扶对象、是否为革命老区、经济条件如何、经济水平配套能力如何等因素进行项目筛选。"感情因素"和"选择性平衡"的非正式制度的上级筛选过程，导致经济条件、配套能力相对较好的贫困县容易获得竞争项目、条件相对较差的县却难以获得的"精英俘获"现象，因此加重了贫困县之间的不平等，违背了公平公正原则，还严重背离精准扶贫政策，致使无法精准识别急需帮扶的贫困县和贫困人口，最终导致财政扶贫资金投入瞄准度偏离、投入瞄准机制的异化。

2. 部分扶贫资金投入更倾向于"大而广"项目

目前，"自下而上"反控制逻辑"助推"扶贫资金投入更倾向于大型经济发展项目。相比于财政扶贫资金投入的小众扶贫项目，大项目具有资金充足、用途广泛、较少要求接触贫困农户而政府精力投入少的特点，各级政府都愿意将扶贫资金投入大型扶贫项目，尤其是多数大型省级项目的盲目扩张脱离精准扶贫的意图。"精准扶贫"思路下，为确保扶贫效果要求，一般要求相关政策的制定配套具有针对性的帮扶措施。在这种背景下，财政资金扶贫项目的申请初期往往会遵循"自下而上"规则，由贫困村收集贫困户的项目需求后，上报给乡镇部门；乡镇再根据贫困村上报情况撰写项目建议书并上报到县，最终进入县项目库，2015 年国家下放审批权到县，由县级审批项目。这一过程中，具有审批权的部分地方政府会利用政府间的信息不对称，在项目申请中添加自身意图，将扶贫项目包装成更倾向经济发展中心任务的综合性发展型项目，以及支持对地区经济发展

①　许汉泽、李小云：《精准扶贫视角下扶贫项目的运作困境及其解释——以华北 W 县的竞争性项目为例》，载《中国农业大学学报（社会科学版）》2016 年第 4 期。

具有较大作用的大型产业项目，扶贫目标的悄然置换导致扶贫项目的扩大化发展，支持贫困地区的小众产业项目却难以得到支持。另外，还有部分政府会停留在传统的发展主义思维之下，推崇整体经济发展吸纳扶贫，片面认为经济增长便会自动脱贫致富，鼓励下级政府申报能够带动经济增长的大型基础设施或产业发展项目，而忽视了对不同类型贫困人口差异需求的考察，在上级政府的作用下，导致了下级政府更愿意申报大型项目。

此外，随着资金分配和权力的下放到县，部分项目资金由县级政府掌握，但对于大型竞争性项目而言，按照国家资金管理办法中的要求，这类资金项目仍由省级审批，而这种审批可理解为上级政府进行分配与限制的过程，因为一旦项目审批完成，考虑到项目完成后的检查、验收和考核，下级政府基本无操作空间，而对于上级政府而言，政府希望尽可能发挥财政资金的最大效用，因此会提出获得项目的下级政府须募集追加社会资本和政府配套资本，这些扶贫项目充分调动了下级政府的积极性和发挥其能动性，为了提高地方扶贫的绩效和效果，下级政府竭尽全力吸引更多财政扶贫项目资金的投入，在"利益捆绑责任连带"下，不断增加项目的配套资金的投入，表现出扶贫项目的不断扩张，逐渐剥离精准扶贫对象和扶贫资金投入的真实意图。

4.1.2 资金管理机制分散，缺乏有机整合

一般来说，财政扶贫资金和项目是由多个政府部门共同参与和管理，其中，财政扶贫发展资金和新增财政扶贫资金由财政和扶贫两个部门负责，以工代赈资金由发改委系统负责，少数民族发展资金由财政和民委部门共同负责管理。此外，农业、交通、水利、林业等部门也直接支持扶贫项目实施。如以工代赈资金支持的县乡公路、水利设施等基础设施项目，较大、技术性强的项目由县交通局、水利局、农业局负责组织施工，较小、劳动密集型项目由乡镇政府和村委会组织施工。这种制度安排，一方面是为适应农村综合扶贫开发的需要，另一方面有助于动员各相关部门在农村扶贫开发工作中发挥各专业优势，提高开发效率，此外，也避免了设立过大的专职扶贫部门，降低了政府的行政管理成本。虽然多部门共同参与农村扶贫具有一定的优势，但也存在一系列问题。

1. 多部门管理资金投入交叉，协调成本高

一直以来，财政扶贫资金部门分割严重，资金难以形成合力。财政扶

贫资金和项目运用涉及的各个部门，均拥有各自的系统和上级管理部门，财政扶贫资金作为扶贫公共资源，各部门为提高政绩等自身利益而争夺资金和项目的分配权，造成了上一级主管部门争相获取资金，并在分配到贫困地区的项目和资金过程中，存在资金使用方向、实施范围、项目安排存在不同程度地交叉和重复，比如在涉及基础设施项目中以工代赈资金、公路设施项目、农村小型基础设施建设项目均有交叉涉及；农田水利建设在农业开发和水利部门资金项目存在重复；水土保持项目水利和林业部门交叉安排建设；分散式资金投入，不仅分割了财政扶贫资金的合力，产生了明显摩擦与抵销效应，还可能造成有限的财政扶贫资金未投入到迫切需要资金的扶贫项目，以致于农业扶贫项目的资金缺口更大。

　　此外，多头管理部门协调成本高也是财政扶贫资金管理分散、整合困难的主要表现之一。在农村财政扶贫资金的安排过程中，财政专项扶贫资金和行业扶贫资金均由财政拨款开展扶贫工作，但两种扶贫模式却分属于不同的政府部门主管，各部门自上而下形成了相对较为独立的体系，有着不同的工作方式，要实现不同部门的资金、项目的有效衔接，需制定统一的政策和资金协调，但目前在不同的层次和部门之间的财政扶贫资金政策尚未有效衔接，也并未形成各方都能接受的分工合作框架，中央部门还徘徊于新设立部门还是由现有的某一部门如财政部重新分配协调横向部门间资金分散、纵向资金链过长的问题，如进行协调，势必耗费大量的时间、人力和物力，协调的机会成本较大，若安排某一部门负责资金的整合，也难以避免分配过程中存在的公平与否、资金财务核算等一系列问题。

2. 资金整合层次单一、停留在较低阶段

　　2016 年 4 月，国务院办公厅发布了《关于支持贫困县开展统筹整合使用财政涉农资金试点的意见》，要求通过试点形成"多个渠道一个龙头放水"的扶贫投入新格局。但实践阶段，财政专项扶贫、财政行业扶贫的具体扶贫实践主要是在县一级，而各个系统的相关政策都是由上而下的，县一级主要执行上级政府的政策决定，县级政府在扶贫资金整合上具有很强的被动性。在财政扶贫资金受制于多部门的分头管理，机构间重叠、相互掣肘，各部门间各行其是、互不匹配的形势下，县级政府很难不注重各部门之间独立的常规工作和部门利益，以免在整合项目资金用于扶贫开发时产生一定的利益冲突。同时，有些地区在协调部门之间的利益方面，县

级虽成立了协调方面具有重要作用的扶贫开发领导小组以及现有区域发展与扶贫攻坚领导小组，但由于领导小组并非实体机构，以致于一旦涉及重大事项、领域，领导小组权力将会受到限制，很难进行利弊协调。

此外，在具体整合资金实践中，县一级整合的资金、项目范畴多数仅限于平均分配到某单一扶贫项目的扶贫资金，而未实现相关项目间、产业间发展相互衔接、互补和互促。如一些县扶贫办投入到养殖贫困户的专项补助资金、贫困户种植产业扶贫资金等，整合的范畴仅限于贫困户从事单一种养业的扶持资金，相关非扶贫涉农资金、产业链条资金并未获得整合。不仅如此，目前县政府基于上级政府的项目安排下，资金整合可操作空间比较有限，在实践中还时常会遇到与相关政策不符的情况，最终结果导致了扶贫资金减贫效益的低下。例如整村推进项目，按照国家关于整合各类资金用于整村推进的要求，以工代赈、少数民族发展资金的80%以上、其他涉农资金的60%以上要投入到贫困村进行整村推进，但在实际操作中，财政扶贫资金、以工代赈资金和少数民族发展资金分属于不同部门管理、执行，并分别设置各自的管理办法、报批程序和使用渠道，县政府可以协调县里的相关分管部门整合资金，但难以协调各分管部门上一级主管部门的决策，造成了相关分管部门同时听从于县政府和上级主管部门的双重安排，影响了分管部门的工作效率。

4.1.3　资金分配以点代面，分配博弈明显

2017年《中央财政专项扶贫资金管理办法》中，将资金分配因素由反映贫困状况的客观因素和政策性因素扩大到包括贫困状况、政策任务和脱贫成效，逐渐将分配政策完成情况和扶贫开发的各项成效、结果涵盖到资金分配中，但是现阶段资金的分配过程中，仍存在一些不可忽视的问题。

1. 分配数据统计的公平、合理性存在不足

财政扶贫资金采取因素分配方法实施以来，因素分配指标中始终占据主导位置的因素仍为贫困状况，包括了贫困人口规模、农民人均收入、贫困深度、地方人均财力等客观指标，这些指标的公平与合理性决定了财政扶贫资金能否进行有效的分配，但目前存在的缺陷是地方政府为获取无偿的财政扶贫资金影响和控制与评价指标密切相关的本地因素，甚至主观夸

大贫困指标状况，造成了数据的失真，加之政府资金分配过程中仍表现的不完全透明，均不利于因素分配法所发挥的公正与公平性作用。现象尤为突出的是，现阶段中央政府为鼓励贫困地区开展扶贫工作的积极性，将扶贫开发的各项成效纳入考核分配因素中，而部分地方政府为应对绩效考核和实现政策任务，并不关心资金项目能否实现贫困户真正脱贫，而是利用"数字脱贫"和"文本脱贫"的表象，即脱贫的真实情况与上报文件中脱贫文本数字存在明显不相符，或在贫困户建档立卡的数字上"做手脚"，有意识地增加建档立卡贫困人口的上报数量，通过村集体鼓励非贫困人口申报贫困，以此扩大贫困人口基数，一旦在考核扶贫工作成效时，非贫困人口不仅实现"脱贫"，还提高了贫困人口的脱贫绩效，产生这样的现象实际上是部分地方政府与中央政府产生政策目标不一致、侥幸博弈的行为表现，为达到中央政府的政策目标，地方政府利用侥幸心理，不惜冒着可能被发现的风险实现"脱贫"。

2. 为促分配成效，以点代面替民意

资金分配因素的增加不仅意味着规范化、公平化分配方式的形成，也意味着分配的资源是有限的，必须满足一定的条件才能够获得。部分地方政府却利用资金分配方式的这一特点，将资金的分配因素被动地进行"应用型转化"，即为提高扶贫资金的成效和增加考核成果，部分地方政府采取有选择、侧重地建立示范性的扶贫工程，或打造扶贫示范点和示范村的"典型"做法吸引资金分配，而这些典型的做法在成立之初，目的是希望发挥模范带动的"以点带面"辐射作用，但现实角度，一个示范点或者典型，都具有强大的资源和项目吸附力，一旦示范或典型获得一定级别的政府、领导肯定，就会比普通贫困村更容易获取各类项目资源。因此，为了增加扶贫业绩，试图利用以点代面的形式代替全面的后期验收和考核，成为地方政府不断建立示范工程来侥幸获取高绩效评价所不可忽视的现象。

此外，由于贫困农户基础资源、资本和技能的薄弱，有些地区政府采取的以点代面方式还包括依托农业龙头企业、农业大户和专业合作社"帮助"贫困农户脱贫的方法，但现实过程中，出现了这些农业经营主体并不愿意承担扶贫责任，但为实现脱贫，地方政府与经营主体进行协商式的利益交换，在贫困农户不知情的情况下，经营主体实现扶贫项目的申请，但贫困农户并未因此获得收益，而事后的评价中会通过计算扶贫合作经营主体的受益而虚抬贫困户的实际收益，这样，贫困农户的收入"提高"了，

扶贫效果也被呈现出来。

实际上，部分以点代面的政府行为是基于地方政府代替贫困农户做出民意决定的具体表现，之所以会产生这种现象，不仅是因为地方政府应付上级政府的绩效评价需要，还因为一方面，扶贫部门对于贫困群体进行的扶贫意向征集，得到的数据往往是分散且差异显著，将会导致扶贫工作迟滞；另一方面，贫困群体中具有领袖性质的人物话语会掩盖大众的需求。此外，为能申请到扶贫项目，项目申请者会隐藏自身的实际需求，揣摩政府扶贫意愿，在申请书中表达出与政府扶贫更为相近的需要，以致于地方政府"按民意"不精准地实现了财政扶贫资金和项目的分配。追其根本，以点带面政府行为的来源，实际上是地方政府对上级政府、贫困人群对政府之间存在的明显乱象博弈行为，一方面地方政府急于求成、不合理地"制造"扶贫项目，实现扶贫业绩的目的，抱有不会被上级政府发现的侥幸博弈心理；另一方面是贫困群体与政府"非真实意愿"的博弈心理，为得到无偿财政扶贫资金，贫困农户宁愿掩饰自己的真实需求也期望能获得"免费资金"的心态，这都在一定程度上直接影响了财政扶贫资金精准化分配的初衷。

4.1.4 资金使用效率较低，缺乏可持续性

财政扶贫资金使用效率较低，除表现为资金在投入、管理方面的运行效率低，还表现为贫困农户参与度不够而导致的使用效率低。根据对财政扶贫资金投入与运行机制的现状分析发现，现阶段财政扶贫资金的使用方向主要包括三个方面：一是给贫困人口放权让利；二是贫困地区物质基础设施建设和提供公共服务；三是提高贫困农户的自我发展能力。财政扶贫资金使用的根本目标是让贫困人口获益，贫困人口不仅是扶贫工作受益主体，也是最为突出、明确的利益相关者；他们不仅是被动的资金重点支持对象和受益者，其扶贫资金分配和使用、扶贫资金项目确定和管理的参与方式、参与程度也是直接影响扶贫资金效率和扶贫目标实现的重要组成部分。近年来，贫困地区"自下而上"的参与式村级扶贫规划的实施为贫困农户参与扶贫资金项目的设计和管理提供新的有效途径，但是贫困村的贫困农户在参与式扶贫中存在主体性权利缺失的问题，导致了参与式扶贫流于形式，仍缺乏可持续性。

1. 贫困农户资金项目参与度低，效率不明显

近年来，"自下而上"的财政扶贫资金项目设计和管理虽在贫困村和贫困县逐步开展，但是，现实中，多数扶贫资金项目的申报、审批程序多按照计划经济的做法，项目的整个过程仍出于缺乏透明的政府部门内部运作，什么样的项目，是否参与项目，贫困人口基本没有发言权和话语权，最终项目能否完成和有效，政府也缺乏后期评估和承担相应责任。

现实中，贫困人口能否参与扶贫项目和资金的管理，一直是地方部门开展参与式扶贫工作尚未解决的疑难问题，一方面政府主导的扶贫资金和项目的分配、使用和管理，倾向于怀疑贫困人口是否具备参与项目管理的能力；另一方面，农户参与项目的直接管理在一定程度上将会削弱政府部门的权力，同时需要政府部门人员消耗更多的时间、精力、耐心的与农户平等、共同解决，在缺乏明确制度约束和外部监督下，很少地方政府部门会积极主动推进参与式的资金项目管理。因此，部分地方的农户在参与式的项目扶贫方式上明显动力不足，贫困地区很多产业发展项目多数是在政府基层干部主导意识下运行[1]，受自身能力、组织因素和外部环境等因素限制，贫困群体参与发展性项目时存在很强的被动性和盲从性，以致于现实的扶贫规划很难完全反映贫困人口的实际需求；同时，由于缺乏深入了解贫困地区的环境和地理等自然因素，部分实施的项目存在与当地的气候环境不相适应，与社会需求与贫困人口的承受能力存在背离等问题，从而蕴含了较大的社会风险，也直接影响了资金项目效率的提高。

2. 资金项目缺乏差异性，可持续性不足

贫困人口要永久脱贫，可持续创收能力是关键的影响因素。但是，目前来看，由于多数财政扶贫资金发展类项目的设计和实施脱离了贫困人口的真正需求，造成了资金项目可持续性不足，难以实现贫困人口的长效和稳定的脱贫。实践中，财政扶贫资金的发展类项目主要由基层干部单项推动、引导某个村或县域发展的一种或几种较少品种的发展项目，由于贫困区域的连片化特征，容易造成自然条件相似情况下的扶贫项目"扎堆化"和单一化发展，因此进一步造成了扶贫资金项目在市场范围内缺乏相应的竞争力，一旦发生不可抗力的自然灾害或市场供给过多，对于扶贫项目都

---

[1]　李培林、魏后凯、吴国宝等：《中国扶贫开发报告（2016）》，社会科学文献出版社2017年版。

会产生较大的经营风险。而对于贫困人群而言，由于自身识别能力和市场风险认识能力不足，对基层干部的扶贫项目推荐均抱有很大的信任，即使面临一定的资金缺乏问题，也会在扶贫政策下借贷资金开展相应生产发展性项目，但是正是由于这种信任，一旦出现自然或市场风险，将会一方面造成贫困人口信贷资金的无法偿还，贫困农户的信用评价度不仅下降，无力偿还的信贷资金还让贫困群体"雪上加霜"；另一方面贫困群体对基层干部的信任度也会大大下降，不利于后续扶贫工作的顺利进行。贺雪峰（2017）通过对西南某两县调研发现，全国 400 多个贫困县均存在相当部分财政扶贫资金用于发展产业扶贫项目，并将资本引入贫困地区，鼓励农户流转土地发展新产业，具体的产业发展包括两种模式：一种是"公司 + 合作社（基地）＋农户"模式带动贫困农户脱贫；另一种是鼓励农户提高农业收入，搞多种经营和粮食改经济作物的做法。产业扶贫成为调整传统农业产业结构带动贫困农户脱贫的模式，"公司 + 合作社（基地）+ 农户"引导的资本下乡带动一方贫困地区致富，但同样引起市场供给增加；如果资金项目一旦失败，地方政府投入也打水漂。而粮改经济作物的产业调整方式，根据全国 400 多个贫困县调整的产业结构目录比较发现，各地重点支持的产业项目往往是茶叶、柑橘、枇杷、火龙果、猕猴桃、蔬菜、食用菌等极为相似的项目，而这些之前被认为高价的经济作物因突增的资源输入，市场供给量大幅增加，市场机制下的价格不断下降。而对于存在自然条件较差、交通不便利和信息不灵通的贫困地区，如果经济作物出现供过于求的过剩现象，贫困地区成为首当其冲的受害者，这不仅导致贫困农户未能脱贫，还有可能因遭受的损失加重贫困农户的贫困程度；而对于地方政府而言，如果某些产业失败了，下一任地方政府往往认为是前任政府未选准项目，通过另一些项目的新一轮产业结构调整和失败，如此周而复始，形成了扶贫地区不断有新的产业项目，而贫困农户依然存在的问题。

除此之外，参与式项目扶贫还存在财政资金有限，村级规划项目分批在贫困村实施，从设计到真正实施数年时间，时效延迟的影响损害了项目的可行性和持续性。另外，项目投入完成后下级政府维持力度较弱，也造成了扶贫资金项目的不可持续。扶贫项目一般都具有临时性，容易造成项目一旦完成，以村、县为主要的下级政府很难再继续关注项目的后续维护，"摊大饼"式的扶贫项目，一方面造成承接项目的贫困主体加大资金使用风险和银行的信贷风险，另一方面导致有限的扶贫资金分散各个贫困村和合作社，碎片化的供给和低效使用，也造成资金项目难以维持和扶贫资金供给的不可持续。

4.1.5　资金绩效评价体系建设尚不够健全

2017 年新的《财政扶贫资金绩效评价办法》提高了资金投入与使用评价标准的指标比重，有助于缓解财政扶贫资金投入与运行中存在的问题，但实践中，中央与地方分级实施的财政扶贫资金绩效评价办法，共性和个性问题的同时存在，仅依赖中央制定的整体性绩效评价标准，还不能完全解决地方财政扶贫资金投入与运行中的差异化问题，对此，本研究对财政扶贫资金绩效评价办法可能产生和尚未解决的问题进行了探讨。

1. 现行评价体系未能关注持续的反贫困能力

我国的反贫困是以收入定义为导向，但收入低下是贫困的结果而并非贫困的成因，造成贫困的成因多数是由于贫困群体自身反贫困能力的不足。这种能力既包括劳动生产能力、技术和经营能力等的自我发展能力，也包括可持续增加经济收入的能力、抵抗自然风险的基础、能力、素质和获取、利用社会资源的自我发展能力。2017 年的财政扶贫资金绩效评价体系，虽在原"减少贫困人口"的指标上，增加了"精准使用情况"的绩效评价指标，即增加了包括以资金安排是否瞄准建档立卡贫困户、项目实施是否与脱贫成效紧密挂钩的资金使用和项目实施效益评价指标，但如何评价"瞄准"和"紧密挂钩"，现有指标体系办法中并未清晰界定或给予可量化的指标说明，而是将具体评价的方式及内容交由地方政府确定，这就无法避免添加地方政府政治意图、"寻租"行为下的扶贫资金项目的大量产生，在缺乏对贫困农户参与项目实现长期、稳定性效益考察和监督的情况下，这种"挂钩"式的扶贫项目随时可能会演变成以贫困农户为"引子"，滋生大量相似、扰乱贫困地区市场机制或缺乏对贫困农户自我能力发展考核的扶贫项目，参与项目的贫困农户收入虽短期内增加或实现"脱贫"，但真正培育贫困农户自我发展能力的项目却成为贫困农户参与便可获得的"福利陷阱"①，不但会抵消贫困农户实现自我发展脱贫的积极

---

① 此处引用 2017 年 9 月 17 日《人民日报》刊登的《脱贫攻坚防"福利陷阱"和"返贫陷阱"提高工作质量》一文，是指"一些地方过多强调扶贫资源瞄准扶贫对象，而对激发贫困户内生动力、发挥他们的主体作用重视不够"，导致部分"贫困群众坐等帮扶、缺乏内生动力的情况"。

性，也一定程度上违背了政府希望反贫困能力提升的初衷，因此不利于资金绩效评价标准制定的精准化和公平性，以及政府反贫困长效脱贫机制的建立。

此外，还缺少了关注贫困地区的社会绩效和环境问题的指标体系。尽管 2017 年新提出的《财政专项扶贫资金绩效评价办法》加入了以扶贫资金投入与运行问题为导向的绩效评价办法，但分级实施的考评办法，很难避免目前将扶贫绩效评价结果与自身政绩相挂钩作为考虑的省及以下的地方政府，倾向于快速短期内产生大规模经济效益的粗放型、大型产业投资项目的状况，即使这些项目提高了贫困人口的收入水平，但造成的是贫困地区对地方生产性资源的过度耗费，这严重不利于贫困地区可持续经济发展和长效脱贫机制的形成。以财政扶贫资金存在的问题为导向、注重贫困群体参与的财政扶贫资金绩效考评机制固然有其科学内涵，但缺失了对贫困人口自我发展能力和环境保护的治理考核标准，忽视了资金项目"扎堆化"背后的资源消耗与浪费，均违背我国政府扶贫的反贫困目标，而注重贫困地区环境保护和治理考核、因地制宜、人与地区均实现可持续发展为依据的考核指标建设，才是真正有利于引导贫困地区转变经济发展方式，实现资源有限的贫困地区稳定、可持续的脱贫发展的财政扶贫资金绩效评价体系建设。

2. 地方财政扶贫资金的绩效评价体系建设尚不完善

分级实施下的财政扶贫资金绩效评价体系，首先中央政府要求地方政府在依据整体财政扶贫资金绩效评价办法的基础上，设立具有各地特色的资金绩效评价办法，而实践中，基于对脱贫工作的认识不足，不同层级的地方政府高度雷同的考核指标成了"重要特色"，很少考虑本地区的特殊贫困情况，即使存在较小幅度的变动也仍是"换汤不换药"。其次，部分地方政府的指标体系建设又过于"特色化"。很多地方政府为应付上级政府考核，要求制定的资金绩效评价体系必须面面俱到，以致于绩效评价体系过于细化和繁杂化，增大了帮扶贫困群体压力较大的扶贫工作人员额外的工作负担，以及物力和财力等扶贫成本。此外，过于细化和复杂的指标体系无形中也增加了采集原始数据中的差错率，"胡子眉毛一把抓"的指标设置方式还会忽视绩效评价关注的重点、核心问题，造成本该重点关注的区域、项目、问题都不能得到很好地解决，从而造成绩效评价体系建设的不精准和失真。

3. 以政府为主体的绩效评价缺乏独立性

财政扶贫资金绩效评价主体的选择上，虽然 2017 年《财政专项扶贫资金绩效评价办法》规定由财政部、国务院扶贫办邀请如国家统计局、审计署相关部门和有关专家参与考评，政府多部门的评价体系目的是确保财政扶贫资金绩效评价结果的客观、公正、规范和公开，有利于评价结果的运用。但是，绩效评价的主体仍存在独立性不够的问题，如财政扶贫资金的绩效评价主体一般为各省的扶贫办，很少涉及第三方专业评价机构、社区组织、民间团体和具有社会学、经济学、人类学等专业的专家团体，即便委托也都是具有官方背景和行政主导的社会组织，而这类组织的参与容易转化成政府一级意识下进行的行政摊派和权益性行为，目前主要仍以各省上报为主的财政扶贫资金绩效评价体系，从扶贫的专业角度而言，实践中地方资金绩效评价的主体仍会是各地的扶贫办，因此可能不利于财政扶贫资金在投入、管理等各项环节中的客观性、公正性、规范性和公开性。

此外，财政扶贫资金审计和监督部门同属于政府部门，与其他部门又有着千丝万缕的联系，审计和监督部门在执行绩效审计和监督的过程中可能受到影响，造成监督的结果成为政府部门之间的妥协，监督的有效性可能大打折扣。

4.1.6　社会资金参与不足，缺乏引导和鼓励

在国外发达国家和众多亚非拉发展中国家，政府一般较少介入和主导反贫困实践，最大限度地减少不必要的行政干涉，并且将一系列的反贫困项目和资源委托或让渡给第三方机构执行，并对反贫困项目运行和验收环节组织第三方评价，这在一定程度上减少了政府的行政负担，有利于促进政府专注于自身本职工作，防止了行政群体对贫困群体生活的过多干预，使社会力量和贫困群体在脱贫攻坚的过程中发挥各自最大的能力和功能。但对于我国而言，基层对社会力量的片面认识和社会力量弱小，造成了扶贫事业的社会力量缺失，这不仅背离了新时期创新社会治理体系的政策理念，也导致了部分扶贫资源并未充分发挥相应的扶贫价值。

1. 社会扶贫资金来源也较为单一

现阶段，财政资金推进扶贫开发工作的顺利进行，以及与社会扶贫模

式形成有效衔接的基础，在于具备充足的财政资金给予保障，以减少扶贫资金不足的缺口。从扶贫资金的来源构成看，以工代赈资金、财政发展资金、少数民族发展资金、贷款贴息资金为主的中央财政专项扶贫资金仍是农村扶贫资金的主要构成部分。而由于贫困县的经济发展能力不足造成的财政收入有限，地方财政扶贫资金还难以成为财政扶贫资金中的主体部分，需要继续以中央财政扶贫资金作为连片特困地区主要资金来源。但是中央财政资金总量毕竟有限，递增规模的资金投入必然会增加中央政府的支出负担。为缓解政府赤字和支出负担，势必需要引入多元化、较为充裕的资金投入参与各项民生事业。而从现实角度来看，虽然中央一直以来较为重视贫困地区扶贫开发多元主体的资金投入机制，比如企业扶贫、行业扶贫的各类资金外，还通过组织纵向定点扶贫、鼓励东西协作等途径增加社会力量主体的扶贫资金，但多数扶贫资金本质上仍是中央和地方财政资金对各部门的转移或再分配，以政府资金投入为主的实质并未改变。长期来说，这种非市场化和非社会化的扶贫资金筹集体制，不利于动员多元化的社会力量参与扶贫工作，更不利于吸引更多的社会扶贫资金积极参与到贫困地区的扶贫开发。

2. 财政扶贫资金引导社会扶贫资金的作用有限

财政扶贫资金项目的开展主要依靠不同层级的政府部门作为执行和实施主体，在扶贫资金项目的申请或申报环节，行政体制内的扶贫资源和项目很少委托于社会力量经营，这种现象不仅直接导致社会组织参与的积极性不高，而且造成社会组织引入扶贫资金的动力也不足。此外，财政对社会扶贫资金引导作用的有限性还表现在难以扭转金融机构向贫困地区和贫困农户发放的信贷资金不足的现象。对于贫困主体而言，其具备一定的劳动能力，但可能因家庭存在生病的亲人或上学的孩子而缺乏生产资金。以贵州省为例，根据贵州省扶贫办统计，2018 年，贵州省缺资金的贫困人口约占总贫困人口总数的 30.1%，其次是缺技术、因学致贫和因病致贫等，这三类致贫原因分别占总贫困人口数的 17.2%、14.7%、12.1%，据笔者对其他省份贫困地区的调研发现，其他贫困地区的致贫原因也多归结于这三类。因此，对于即使十分缺乏生产资金的贫困人口，并非是缺乏信用或过于保守不去借贷资金，而是在于贫困地区交通不便所造成金融机构放贷成本高、风险控制成本较高的原因，导致了在贫困地区设立分支机构较少、要求风险控制的金融机构不愿意贷款给贫困农户；而对于财政扶贫资金提供给贫困农户的小额贷款财政贴息，由于下达时间晚、贴息较少等问题，致使财政扶贫资金难以起到引导和刺激金融机构放贷给贫困农户的作用。

4.2　财政扶贫资金投入与运行机制产生问题的原因

综上分析，财政扶贫资金投入与运行机制各环节存在的问题，一定程度上必然会影响政府利用财政扶贫资金期望实现的扶贫效果和降低资金运行机制的效率，不利于财政扶贫工作的高效开展。为解决财政扶贫资金投入与运行机制中存在的问题，提出优化的对策建议，深究其产生问题的原因是十分必要的。财政扶贫资金项目运行下的分工模式、资金管理的委托代理模式、资金运行和评价主体以及政府联合市场资金等多方面的不足，则是导致资金投入与运行机制存在表象问题的主要原因。

4.2.1　分级治理下项目制与科层制的目标冲突

从省级及以下政府层面的财政扶贫资金项目的具体投入与运行角度考虑，财政扶贫资金是以"分级治理"项目制为主的资金投入，即不同的治理制度逻辑下要求各级政府[①]采用不同的方式进行扶贫项目的运作，这有利于明确各级政府主体在资金项目运行中的责任和义务，发挥不同政府层级的优势实现精准脱贫；但实际运行中，分级治理下的项目制却增添了不同层级政府"非精准化"的扶贫意图，在确定扶贫项目性质、类型、分配与运作中，逐步形成了加入各级政府不同目标意图的上级政府"发包"、下级政府"打包"和基层村庄"抓包"[②]三种形式的资金项目分工模式，导致了分级政府治理下扶贫资金项目投入目标的置换和不统一，造成了资

[①]　此处采用上级政府和下级政府的概念，目的是更容易区分不同政府层级间的主要关系。根据《中央财政专项扶贫资金管理办法》中主要扶贫项目的审批权下放县级政府，则上级政府即为县政府，下级政府则为基层村级；而部分由省级审批的项目，则此处上级政府为省级政府，下级政府为县级。

[②]　"发包""打包""抓包"引用了许汉泽（2017）对扶贫项目中政府层级的主要作用的概括。这些词最早用于工程学中，其中发包指的是建筑工程合同里，发出承包任务，即发包人将建设工程的勘察、设计、施工等一并交由一个总承包单位完成项目的行为；打包，指的是项目的承包方将项目整合的行为；抓包，意在强调基层村级项目再承包的被动性，指上一级的项目基层使用犹如随机抓取获得，基层村级并非了解所"抓"的承包项目，而主要是听从上一级安排。

金的投入偏离目标群体。

1. 上级政府层面"发包"扶贫

上级政府主要为省级政府层面，省级政府通过"自上而下"的逻辑对扶贫项目进行分配，采用"发包"式的项目资金投入以实现扶贫目标，即一方面利用财政扶贫资金投入的约束强化作用，以减少财政扶贫资金和投入项目中间传递过程中的"跑偏漏失"，如设立各种准入条件和限制规定，包括农户想要得到项目资金补助，必须满足一定的规模和加入合作社等条件要求；另一方面，更愿意利用中央财政扶贫资金投入撬动地方财政资金和社会资本的投入，以发挥财政扶贫资金的最大扶贫效果。基于这两个目标的要求下，省级政府希望尽可能利用财政扶贫资金实现加快脱贫步伐和所辖地区经济效益最大化的最终目标，因此势必受到"感情因素"和"选择性平衡"的策略影响，在对贫困县的项目评定过程中主动倾向于具有经济优势的地区加快推进经济发展，同时也会为避免地区间资金项目的分配不平衡而平均分配项目，因此最终无意间排斥了真正具有资金需求的贫困县，造成了贫困县真实意图的项目目标脱离与置换。

2. 下级政府层面"打包"式扶贫

在省级政府存在项目管理的情况下，以县级政府为主的下级政府遵循的是"自下而上"的"打包"式逻辑获取项目的分配，对于审批权隶属省级的大型扶贫项目，一方面县级政府要求基层村级或乡级统计的贫困村民项目意向"打包"并由其上报给省级政府；另一方面县级政府往往采用优先发展中心任务的方式对基本项目进行贫困村分配。县级政府在执行这两项职能的过程中，对于审批权限隶属省级政府的项目，虽然多数会受省级政府的政治意图和想法所限，而处于被动的项目接受地位，但为获取更多的财政扶贫资金，实现加快贫困县"脱贫摘帽"业绩和使用无偿资金促经济发展的目标，产生了既有多申报项目容易获得的侥幸做法，也有筛选出少而"精"项目的对立做法，以致于实际申请的项目逐步脱离了贫困群体的真实需求。而对于审批权下放到县级的项目和资金，对县级和基层村级组织而言，项目的申报分配中，两层级存在明显的信息不对称，县级政府往往将提升扶贫业绩和经济成效作为扶贫发展目标，多数更愿意相信传统发展经济学中经济增长促进脱贫的模式，而这种问题的产生原因，在于长期以来，部分贫困县地理位置偏僻，缺乏支持地方财政的收入来源，而伴随着财税体制和税费改革，地方主体税种的缺失无疑让本就税收收入来源有限的贫困县更加困难，导致贫困县的经济发展缓慢。而在目前国家大规模扶贫趋势下，财政扶贫资金大规模地向贫困地区涌入，贫困县和贫困村必然会迫切希望无论以何种形式都可获得免费资金以促进发展地方经济。因此，在项目和资金申请和上报中，必然会加入自身的意图和发展意愿，而由此忽视了基层村级或乡级的真实扶贫需求和意愿，造成了目前部分贫困地区"大水漫灌"式的非精准化资金项目扶贫。

3. 基层政府层面被动式扶贫

在基层实践层面，基层村级是最接近贫困群体的政府层级，也是最能反映、满足贫困群体需求的层级，但是现实而言，基层村级同样受到"自下而上"的逻辑：项目的审批、资金的投入阶段，基层村级以上的政府层级对项目定性，基层政府一般只能较为被动地接受和承接项目的实施，因此，基层政府开展项目相对较为被动。此外，基层村级在扶贫开发过程中承担着对贫困主体的识别、各项扶贫项目的建设、项目实施中的问题解决、项目完成的收益分配监督等一系列的扶贫活动，现有的仅靠国家和地方政府单方面投入已难以满足基层村级扶贫活动所需的资金需求；更重要的是，伴随税费制度改革的规范推进，以及各项行政管理费问题的规范化，基层政府资金来源的"收缩"，一定程度会限制基层人员的积极性。

4.2.2　项目资金委托代理下存在科层机制损耗

财政扶贫资金委托代理模式下存在的科层机制损耗，是管理资金的各利益主体为了自身的利益偏好，而忽视资金的脱贫作用和目标，造成财政扶贫资金管理分散、难整合，分配以点带面、目标脱离贫困群体现象的主要动因。与项目制和科层制目标冲突产生扶贫模式不精准而导致的扶贫投入目标偏离有所不同，资金委托代理下的科层机制损耗是作为"委托人"和"代理人"的资金管理纵向和横向层级出于自身的相关利益偏好，完全主动背离脱贫真实目标，导致扶贫利益损失的权衡表现。

1. 委托代理纵向层级的利益偏好

从财政扶贫资金由中央到地方政府的纵向层面考虑，基于公共选择理论和利益相关者理论，公共资金的管理、使用涉及目标各异的众多利益相关者，不同层级的政府都会谋求自身发展的最大利益，而公共财政项目资金的无偿性，又提高了不同层级政府之间对项目资金管理、分配过程中利益可获得的期许，因此，各利益主体必然不愿将各自管理、分配的资金纳入统一管理、使用，从而损失自身的利益。从财政扶贫资金的现实角度而言，农村财政扶贫资金主要是无条件的中央财政转移支付，所涉及利益主体涵盖了国家部委、省级部门、县级部门、乡镇部门和村级部门，链条管理的五层机构组成了农村财政扶贫资金的委托代理结构，而结构中的各层级又包含了多个分支部门。其中，国家一级的机构是最初的委托人，而省（自治区、直辖市）、县和乡镇这三级机构，具有多重身份，它们既是委托人也是代理人；既是资金管理、使用执行者，也是资金的监管者，各层级政府间在财政扶贫资金的投入与使用中目标并非完全一致，目标的不一致势必导致利益间的冲突。国家一级而言，下拨资金的终极目标是实现社会利益的最大化，即贫困地区人口脱贫，实现共同富裕；国家部委以下的层级政府部门，其目标既有完成、执行上级政府的政策和财政扶贫任务，也有涉及自身相关部门利益最大化的利益需求，而利益需求中又可能包括政府工作人员的工资、福利待遇的提高，部门办公环境的改善，也有个人享受、提高自身业绩的可能，而这些自身相关的利益偏好是与扶贫目标存在根本性区别的利益。

2. 委托代理横向层级的利益偏好

从资金传递的横向层级来看，财政扶贫资金不仅在中央、省、县等纵向层级存在委托代理关系，财政扶贫资金传递的部门横向一级同样也存在财政部、发改委、农业农村部等多个部门间的委托代理关系，对于每个委托人而言，他们是财政扶贫资金使用决策环节的重要主体利益者，均具有相关政策的制定权，因此彼此部门之间很容易产生不同利益取向的决策矛盾。同时，委托人的下级代理人，即下级部门也受其自身其他职能的影响而存在一定的利益取向，假设如有些部门受到直接确定投资项目的利益，这些利益的存在一方面导致其直接负责管理的县级分支部门资金整合难度加大，另一方面导致了扶贫利益的直接损失。而现实中，这种横向和纵向并存的委托代理关系多数只能依靠部门内部的监控，而内部监控成本很高且十分困难。不仅如此，财政扶贫资金的决策主体也是资金传递的主体身份，以及委托和代理的双重身份，导致委托人的第二身份即代理人的工作努力水平多数由自身评定，一旦存在自身利益诉求，监管部门则很难予以监控、认定和评判。

3. 利益偏好下科层损耗机制的产生

根据前文分析，在现实中，无论是委托代理的横向层级或是纵向层级的政府部门，按照公共选择理论，作为理性个体，在既定利益结构与行政传统偏好条件下，势必受个人利益动机驱使，为了维护既得利益和进一步谋求利益，采取对上级政府制定的扶贫政策进行有利于其自身利益诉求的扭曲，从而造成预期社会效益与实际效益的差异。为更清晰地分析这种潜在的科层利益扭曲和利益损耗，本书利用几何图形分析了财政扶贫资金和项目在传递过程中，科层损耗的产生过程、主要影响因素和财政扶贫政策下预期社会效益与实际效益的差异，如图 4-1 所示，首先假定中央政府制定的财政扶贫资金政策具有完全的权威性，即若完全贯彻必定产生良好的社会扶贫效益。

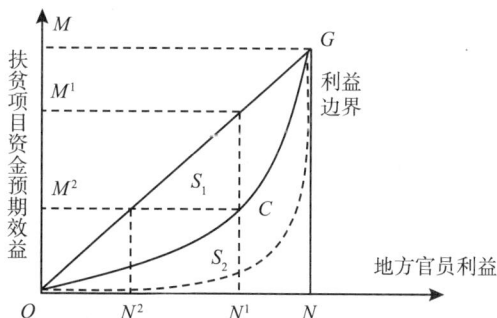

图 4-1 扶贫项目资金传递中的科层损耗形成

（1）根据假定条件，财政扶贫资金完全高效实现社会效益的状态是委托代理下的地方政府层级利益（简称"地方官员利益"）与扶贫项目资金产生的效益是一致的，如图 4-1 中 45° 线 OG，即地方官员利益是完全贯彻中央政府提出的财政扶贫政策产生的社会扶贫效益，没有存在自身的私利。此时，资金扶贫项目创收的效益为 $\triangle OGN$ 的面积。

（2）而现实中，由于资金产生的各种利益存在，地方政府并非完全执行财政扶贫政策，因此扶贫政策与地方政府的关系并非直线关系，而是 OCG 所示的曲线。在预期状态下，当地方官员获得 N^1 效益时，财政扶贫资金项目预期效益为 M^1，但实际关系为 OCG 曲线的过程中，地方官员获得

N^2 效益时，财政扶贫预期效益仅为 M^2，造成扶贫效益的损耗为 $M^1 - M^2$，而扶贫效益的损耗就成为地方官员自身利益的增加部分，相当于 $N^1 - N^2$，这部分也就是中央财政扶贫资金和项目在传递过程中产生的科层损耗。

（3）曲线的曲率越大，越凸向 OGN，则表明地方官员造成的扶贫效益扭曲越大，如图 4 - 1 中虚线所示，反之，若曲线越向直线 OG 靠近，则扭曲越小。

（4）理想状态下，财政扶贫资金投入所创造的效益为 △OGN 面积，但根据委托代理下的纵向和横向政府层级的利益偏好分析，由于地方政府并非完全执行财政扶贫资金投入精准的目标要求，因此就会导致曲线 OCG 的存在，则财政扶贫资金投入所创造的效益就会部分转变为科层损耗，此时，这部分效益的面积缩小到 S_2，面积 S_1 即为被扭曲的科层损耗效益，S_1 和 S_2 则是此消彼长的关系，科层的扭曲率为 $\delta = \dfrac{S_1}{S_1 + S_2}$。

基于以上分析可以看出，一旦出现非扶贫的利益偏好诉求则很容易产生政府间的科层损耗，参与委托代理的各级政府和相关部门会出于自身利益选择因而创造一定的政策扭曲，从而获得其有利于自身的效益。现阶段，我国转型期的社会特征、政府间的信息不对称、贫困地区财政扶贫依据区域分配的经济体制特点，使基于财政扶贫资金的扶贫政策呈现灵活性强、不确定性大、密集度高及传递层级多等特点，很有可能加剧了这种财政扶贫资金通过项目传递而产生的科层损耗，一方面会直接造成财政扶贫资金项目利益损失导致贫困群体无法实现资金的充足瞄准，另一方面表现的各部门利益的凸显造成管理分散的资金难以实现整合，无法发挥资金产生扶贫效应的最大化，最终将很难利于财政扶贫资金扶贫效率的提高。

4.2.3　资金使用主体自身能力和素质培育不足

资金的分配和使用均离不开贫困群体和引导主体的作用，因此，无论是资金分配的不合理还是分配博弈的产生，不仅是因为政府急于改变贫困现状和迫于实现政绩的做法，还源于扶贫资金的项目申请和使用主体自身素质的不健全以及缺乏必要的识别选择能力，即根本原因是资金使用主体能力和自身素质培育还存在明显的不足。

1. 资金使用主体自身素质较低，缺乏合作引导

人是生产力中最活跃的因素，经济社会的发展依赖于人的生产发展能力。因此，发展能力中起重要作用的人的素质，对个人长期的生存和发展具有至关重要的影响和意义。现实中，经济层面的贫困不完全表现为外界资源缺乏的贫困，还表现为人力资本匮乏导致的贫困。改革开放以来，随着政府和社会主体的资金投入，我国农村贫困地区社会、经济和文化得到了很大程度的发展，贫困地区人口整体素质和社会文明程度也得到了极大提高。但由于部分贫困人群仍居住于深山之中，文化素质和文明程度受外界整体影响极为有限，以致仍处于受教育十分落后的状态。再加上自然环境条件的局限和小生产者的天然保守性，导致贫困主体不愿主动学习参与市场识别和衍生挖掘自我脱贫的能力，即使由于符合贫困相关条件而获得资金项目，也会因自身素质与思想的局限和守旧难以尽快脱贫。根据黄承伟、张琦等（2016）对武陵山片区的 8 个县 149 个村的调查结论显示，由于贫困县村民的文化素质较低，即使投入比其他贫困地区更多的财政扶贫资金，也会由于思想文化的落后和守旧，市场知识的不足，导致自身生产经营和脱贫致富的内生能力十分有限，贫困和返贫的现象仍会十分普遍。另外，正是由于贫困农户长期被广泛认可的思想和素质落后，政府在参与式资金扶贫项目进行申请、选择时，为减少让贫困农户参与而产生的较大人力和精力引导成本，往往直接采取不让贫困农户参与项目或发表看法，直接造成了多数地方政府最终选择的扶贫项目多是未经长期实证考察和贫困村农户参与，而只是简单认为资金项目有利于贫困地区和贫困农户脱贫的做法，这必然脱离了贫困群体的实际需求；同时又由于农业生产风险较大、项目难以满足现实农户和市场需求，一旦项目失败，贫困农户就会遭受项目所带来的损失，不仅严重打击了贫困农户脱贫的积极性，还会造成贫困农户因遭受项目损失而加重其贫困程度。[①]

　　除此之外，具有带动、引导其发展生产作用的农业企业等四类新型农业主体也因为贫困农户自身生产、经营能力的不足，鲜有会主动有意愿帮助贫困农户实现带动脱贫，于是现实中就形成了多数农业经营主体与地方政府为实现双方的目的而达成了某项扶贫合作，农业经营主体通过扶贫项目获得农业补贴，地方政府受扶贫项目的经济收益带动了地方财政收入，而贫困农户并不了解扶贫项目的现状。

---

　　① 黄承伟、张琦等：《连片特困地区扶贫战略研究——以武陵山片区为例》，经济日报出版社 2016 年出版。

2. 资金引导主体能力弱，制约扶贫资金的使用

县、乡（镇）、村三级领导班子和驻村干部是目前帮扶贫困主体的重要组成，实际上对于扶贫资金项目而言，他们既是财政扶贫资金的使用主体，也是帮助资金使用的引导主体，因此两类引导主体能力的不足直接会成为制约财政扶贫资金发挥扶贫作用的重要影响因素。

（1）地方领导班子能力的不足。由于贫困人口运用资金的能力较差，以县、乡（镇）、村一级的地方基层政府在财政扶贫资金引导贫困人口脱贫的作用和能力显得更尤为重要。但现实中，对于县、乡政府而言，级别较高的部门领导鲜有精力深入驻扎贫困村了解地区情况，更不用说了解贫困农户的真实需求，下级人员更是忙于日常事务鲜有时间主动了解贫困村的真实情况。而对于贫困村的村干部队伍来说，仍普遍存在综合素质不高、带动脱贫能力有限的问题。主要表现为：①部分地区的干部思想保守、观念陈旧，不利于采用新思维发展农业生产。在互联网大数据的广泛应用下，部分地区基层干部对于新事物的接受和适应能力较弱，很难结合现有的新兴技术为贫困农户提供引导服务。②新形势下的脱贫思维扩展不足，思路不宽，方法不多。具体表现在部分贫困地区的干部仍愿意走引进资金投资发展工业的老路发展贫困地区经济，认为农业发展风险较高、收益来源有限，因此不惜以破坏贫困地区环境和特色农业产业为代价发展工业。③部分乡镇干部驾驭经济能力不强。现阶段，对于资源和环境有限的贫困地区更应拓宽思路去发展，因此对基层干部的要求就会更高，需要全面了解经济、金融、现代管理等知识的高素质人才，但目前拥有其中某一项知识的基层干部却少之又少。④基层干部班子结构不合理。干部之间年龄、专业、性别结构不合理，部分基层干部文化程度和专业知识方面有限。随着贫困地区劳动力的转移，造成优秀年轻人才外流，村级组织选人、用人受到明显限制，村"两委"组织严重缺乏人才。同时，基础干部人员工资较少，工作较累，年轻优秀人才多不愿主动留在贫困地区发展。而这些问题均不利于基层组织为主要引导主体的财政扶贫资金的使用与精准脱贫的实施。

（2）驻村干部帮扶能力的不足。驻村制是 2015 年精准扶贫思想下，中央及地方派出大量党政机关干部作为外生力量下乡驻村开展精准扶贫工作的制度，其有助于广泛动员社会资源力量，拓展公共产品和扶贫供给渠道，促进农村基层组织建设和各项事业发展，加强党和群众联系的新尝试。但是根据中国人民大学调研发现，这种"外来"派驻，不同程度地面临着扶贫多元主体的排斥，而造成引导贫困主体的能力弱，排斥包括：①责任与设置权限的不匹配，能力大小受限于原单位资源的条件限制。以"第一书记"驻村干部为例，相关文件中规定了其相应的作用主要是"建强基层组织、推动精准扶贫、为民办事、提升治理水平"等，责任几乎覆盖了农村的各个方面，而对"第一书记"却采用派出单位和县、乡党委组织"双重管理"，驻村干部由上级政府充分赋予的能力"代理人"身份逐步成为政策的"传递协调者"，权责不匹配制约着驻村干部能力的发挥。①此外，由于作为派出单位的代表，理论上讲，派出单位应赋予驻村代表充足的资金和物质保障，但现实情况是派出单位的资金能力决定了驻村干部的扶贫引导能力，导致部分驻村干部驻村流于形式，自身农业和经济知识的不足，也难以引导贫困农户。②驻村干部与乡镇、村干部工作开展较为困难。部分地区发现，驻村干部由于驻村时间短，对乡镇发展的认识不够全面，但又无法脱离乡镇而独立开展工作，因此驻村干部工作处于十分被动的状态；此外，乡村联村干部负责村干部信息交流和政策传达，在一定范围内也与扶贫驻村干部工作存在重合现象，造成在对贫困农户开展工作时，双重引导和领导的情况出现，不利于村级工作的开展。③驻村干部的出现，如遇到乡镇联村干部和村干部的不配合也会造成驻村干部开展工作的不顺利。从实际来看，无论是驻村干部的加入，还是对贫困农户的引导，归根到底是村干部能力不足所导致的扶贫资金项目投入难以获得高效益。基层村干部作为基层最为接近、能够长期持续了解贫困农户的群体，提高其引导贫困农户脱贫的能力是十分必要的。

4.2.4　资金的绩效评价主体缺乏第三方监督

长期以来，负责财政扶贫资金的绩效评价和实施工作一直是各省扶贫办的主要任务，"运动员和裁判"的双重身份不利于绩效评价的公正、透明和规范发展。部分地区虽存在较少以社会部门开展的资金项目绩效评价工作，但这并非完全意义上的第三方评估。其原因在于，长期国家的政策理念中，对于社会力量并未给予明确的内涵和外延界定，社会力量的扶贫与政府扶贫有何异同，社会与政府的边界在哪，两者权限如何划分，社会力量的参与权利在扶贫实践中如何实现，这些问题在中国的反贫困实践中

①　张建明等：《中国社会发展研究报告（2016）》，中国人民大学出版社 2016 年出版。

并未得到解决，也正是这些问题没有解决，社会力量在脱贫攻坚的作用和价值不仅未完全彰显，而且某种程度上还造成了缺位。

政府的话语体系中，社会力量被认定为行政力量外的所有参与主体，如工、妇、青、残、计生协等群团组织及其下属的各社会组织，民政系统内部直接参与管理的中国红十字会、中华慈善总会、中国发展基金会和彩票公益基金组织等福利救助机构，国有企业、金融机构及下属的各种协会，甚至是各类事业单位及其下属的机构，都被看作社会力量扶贫的范畴，这无疑是扩大了社会力量的范畴，但使得行政力量与社会力量之间出现重合、边界模糊不清。由于两者缺乏明确的边界，造成了行政主导变成中国反贫困实践中的普遍现象。

4.2.5 "强"政府和"弱"市场的主体扶贫思维凸显

新中国成立直至改革开放的一段时期，我国一直实行计划经济体制，以政府为主导开展一系列行为，而农村地区扶贫工作的开展也是以政府为主导，政府为主的扶贫思维定式和行为已然在农村地区根深蒂固，农户对政府的信任程度也逐渐加深。新中国成立后，我国以政府为主导、财政扶贫资金投入的扶贫工作成效显著，具有一定的重大意义。而市场主体作为行政主体与贫困群体的中坚力量，作为脱贫攻坚的重要参与主体和第三股力量，在反贫困中同样发挥着不可替代的作用。

目前，我国正在进行社会主义市场经济体制转轨，在这种宏观背景下，市场资源配置的作用日益突出。我国长期以来扶贫工作的开展主要依赖于财政扶贫资金和行政体系主导的扶贫资源配置，直接会引导社会力量产生"扶贫是政府的事"的思维模式，为缓解这种思维模式的禁锢，近年来，我国虽加强对于市场引导贫困地区脱贫的意识，但现实来看，市场对贫困地区资源配置的作用未完全释放出来。这种未释放的原因一方面是长期以来农民信任政府，排斥市场行为；另一方面是贫困地区的农户缺乏市场意识，一旦享受无偿的财政扶贫资金和固定的扶贫收益模式，就很难有意识去尝试市场运行机制模式。不仅如此，由于政府人力资源和能力的不足，简单式、"习惯性"的财政资金帮扶形式很难实现政府主动引导市场主体行为参与扶贫，因此，只能从政府对贫困农户表面认识的分析结果，提出了目前很难提高贫困农户市场意识的加大财政贴息力度政策和小额信贷低（无）息扶贫方式，导致市场化的信贷资金投入最终成为政府行政化的资本市场干预。从长期看，缺乏市场行为的扶贫行为，不仅造成竞争性的市场资源无法直接流向贫困地区，也会造成贫困地区人口对政府财政扶贫资源的过度依赖，这些行为不仅与我国市场经济体制转轨的发展方向相违背，也一定程度加重了贫困地区和贫困农户与市场经济行为的脱钩。此外，政府近几年虽已意识到市场主体可发挥的积极作用，但缺乏在农村地区与市场资金合作的坚实基础，无论是财政扶贫资金引导还是税收优惠的政策支持，在市场风险和农业产业风险较大的环境下，为避免过多市场行为影响农业的生产经营发展，政府与市场的合作仍停留在未成熟、发展缓慢的探索阶段，均不利于市场主体充分发挥扶贫作用的积极性，阻碍了贫困地区甚至是普遍农村地区的市场经济发展进程。

4.3 本 章 小 结

自我国政府设立财政扶贫资金以来，资金投入到扶贫工作取得了显著的成果，贫困人口和贫困发生率均大幅度下降，但是，随着财政扶贫资金的投入，较容易脱贫的地区和贫困农户在经济增长和财政扶贫资金投入下逐步摆脱贫困，全面脱贫后相对贫困的地区和农户扶贫成本越来越高，其中，自然环境、自然禀赋、基础条件、发展平台、人口素质等比其他贫困地区更落后、致贫成因更复杂、贫困程度更深的脱贫"硬骨头"，但是财政扶贫资金作为政府推动减贫的重要因素，扶贫成效的降低表明现有的财政扶贫资金投入与运行机制发展存在的问题难以满足新形势下相对贫困人口发展要求：资金投入的目标瞄准存在着明显的偏离，资金管理分散、缺乏有机整合的现象一直存在，资金使用难以带动贫困人口自我发展的需求，可持续性低，资金绩效评价机制的不够健全，以及社会资金参与的不足，缺乏政府引导和鼓励的问题，制约着财政扶贫资金投入与运行机制效率的提高，产生这些问题的原因在于现行行政管理体系下，项目制与政府科层之间的目标不一致，项目委托代理下的科层损耗，资金使用主体自身能力和素质培育落后，绩效评价主体缺乏第三方监督，以及政府为主的扶贫思维弱化了市场扶贫的动力，都成为导致财政扶贫资金投入与运行机制存在问题的关键原因。认识与总结这些问题与原因对 2020 年实现贫困人口脱贫后，财政资金支持脱贫攻坚与乡村振兴战略的衔接具有重要现实借鉴意义。

第 5 章

农村财政扶贫资金投入与
运行机制效率的实证检验

根据第 4 章对财政扶贫资金投入与运行机制存在的问题和原因分析，提出由于投入与运行机制各环节存在的一系列问题，不利于财政扶贫资金投入与运行机制效率提高的结论，为验证此结论，本章将展开分析。为更加清晰地对财政扶贫资金投入与运行机制存在的问题降低整体运行机制效率展开验证，首先明确两个问题：一是评判机制的效率是什么，因本书主要讨论的是以中央和省级财政扶贫资金为主的农村财政扶贫资金，所以本章对机制效率评判主要集中于对这两类资金所涉贫困地区的不同省（区、市）和不同年份的投入与运行机制的效率进行分析和评价；二是明确机制效率评价包括哪些方面，因中央和省级财政扶贫资金主要投向于农村基础设施、公共服务和提高贫困主体收入等方面促进脱贫，所以本书采用主成分分析法和 DEA 投入产出分析法，在既定中央和省级财政扶贫资金投入下，评判不同投入对基础设施改善、贫困主体脱贫人数和贫困居民收入提高等情况的效率影响（如图 5 - 1 所示）。

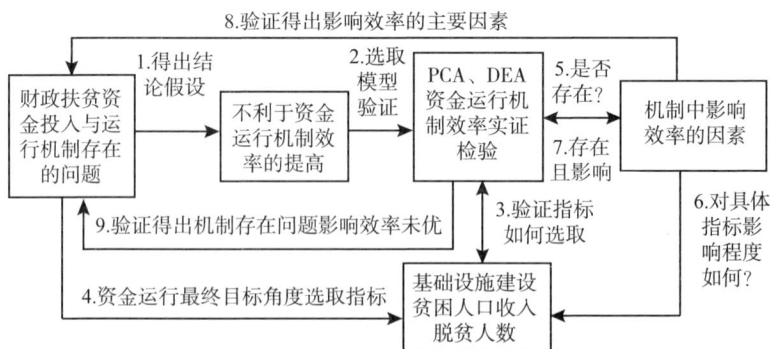

图 5 - 1　财政扶贫资金投入与运行机制效率实证检验的流程

5.1 效率评价的理论模型构建与假设

5.1.1 主成分分析方法模型

主成分分析方法（Principal Component Analysis，PCA）最早是由卡尔·皮尔森（Karl Pearson，1901）提出，后经霍特林（Hotelling，1933）发展，成为消除选取变量之间的相关性因素的处理方法[①]，主要研究的是如何以少数不相关尽可能多保留原始信息主成分的方式来揭示多个变量之间的内部关系。主成分分析法中的经典做法，是对总数 P 个指标变量进行重新线性组合，获取新综合指标。具体模型为：

（1）将原始要素数据标准化。采集 P 维随机向量 $X = (X_1, X_2, \cdots, X_p)^T$，包括 n 个样品 $x_i = (x_{i1}, x_{i2}, \cdots, x_{ip})^T$，$i = 1, 2, \cdots, n$，其中，$n > p$，构建样本阵，并进行标准化转换：

$$Z_{ij} = \frac{x_{ij} - \overline{x}_j}{s_j}, \quad i = 1, 2, \cdots, n; j = 1, 2, \cdots, p \qquad （式5-1）$$

其中，$\overline{x}_j = \dfrac{\sum\limits_{i=1}^{n} x_{ij}}{n}$，$\overline{x}_j$ 是第 j 个变量的平均值；

$s_j^2 = \dfrac{\sum\limits_{i=1}^{n} (x_{ij} - \overline{x}_j)^2}{n-1}$，$s_j$ 是第 j 个变量的标准差，可得到标准化矩阵 Z。

（2）对标准化矩阵 Z 求相关系数矩阵，即：

$$R = [r_{ij}]xp = \frac{Z^T Z}{n-1} \qquad （式5-2）$$

其中，$r_{ij} = \dfrac{\sum z_{ki} \cdot z_{kj}}{n-1}$，$i, j = 1, 2, \cdots, p$。

（3）求解样本相关矩阵 R 的特征方程 $|R - \lambda I_p| = 0$，获得 p 个特征根，R 的特征值依次排序 $\lambda_1 \geqslant \lambda_2 \geqslant \cdots \geqslant \lambda_p$，计算 λ_i 对应的特征向量 T_i，$i = 1, 2, \cdots, p$。

[①] 资料来源：孔祥玉、胡昌华、段战胜：《主成分分析网格与算法》，科学出版社 2019 年版。

（4）计算主成分 $y_i = T_i[z_1, z_2, \cdots, z_p]^T$，其中 $z_i = [x_{1i}, x_{2i}, \cdots, x_{mi}]$，$i = 1, 2, \cdots, p$。

（5）计算主成分 y_i 的贡献率 $d_i = \dfrac{\lambda_i}{\sum\limits_{i=1}^{n} \lambda_j}$ 和前 m 个主成分 $y_1, y_2, \cdots, y_m$，其中 $m \leqslant p$；累计贡献率 $D_m = \dfrac{\sum\limits_{j=1}^{m} \lambda_j}{\sum\limits_{j=1}^{p} \lambda_j} \geqslant 0.8$，则可确定主成分的个数 m，然后对 m 个主成分进行分析与评价。

5.1.2　DEA 模型——C^2R 和 BC^2 模型

投入—产出支出效率评估的实证检验中，目前常用的方法是数据包络分析方法（Data Envelopment Analysis，DEA）。DEA 方法是以多个投入、多个产出的要素或决策单元（Decision Making Unit，DMU）为研究对象，以测算投入、产出之间的相对效率的方法。在基本研究过程中，构建 DEA 模型通常有两个方向：一种为投入导向，是将要素投入的最小值与要素实际投入的比值进行比较；另一种为输出导向，是在投入固定不变的情况下，将实际产出与产出的最大值比较估计。具体两种模型如下文。

1. 规模报酬不变的 C^2R 模型

1978 年，查纳斯、库伯和罗兹（Charnes，Copper and Rhode）提出 DEA 模型的雏形，即提出在规模报酬不变的前提假设条件下，得出投入和输出导向所测算的效率水平是一致。具体方法如下：

设 n 个决策单元（$j = 1, 2, \cdots, n$），每个决策单元由相同的 m 投入（$i = 1, 2, \cdots, m$），每个决策单元由相同的 p 项产出（$r = 1, 2, \cdots, p$）。X_{ij} 作为 $X_j = (x_{1j}, x_{2j}, \cdots, x_{mj})^T$ 中的分向量，Y_{ij} 作为 $Y_j = (y_{1j}, y_{2j}, \cdots, y_{pj})^T$ 中的分向量，分别代表了第 j 个决策单位对第 i 种类型输入的投入总量和输出的产出总量。输入指标和输出指标的权数向量分别为 $V = (v_1, v_2, \cdots, v_m)^T$ 和 $U = (u_1, u_2, \cdots, u_p)^T$，基于以上设定，得到的相对效率优化模型为：

$$\max h_{j0} = \frac{\sum\limits_{r=1}^{p} u_r y_{r0}}{\sum\limits_{i=1}^{m} v_i x_{ij0}} \qquad （式 5-3）$$

$$\text{s. t.} \begin{cases} \dfrac{\sum\limits_{r=1}^{p} u_r y_{rj}}{\sum\limits_{i=1}^{m} v_i y_{ij}} \leqslant 1, \ j = 1, \ 2, \ \cdots, \ n \\ v_i, \ u_r \geqslant 0, \ i = 1, \ 2, \ \cdots, \ m; \ r = 1, \ 2, \ \cdots, \ p \end{cases} \quad （\text{式} 5-4）$$

由以上模型可看出，该模型作为分式规划项，无法求解，需转换成线性模式才可求解，

$$\text{s. t.} \begin{cases} \sum\limits_{j=1}^{n} \lambda_i x_j + s^- = \theta_{x0} \\ \sum\limits_{j=1}^{n} \lambda_j y_j - s^+ = y_0 \\ s^- \geqslant 0, \ s^+ \geqslant 0, \ \lambda \geqslant 0 \\ \theta \ \text{无约束} \end{cases} \quad （\text{式} 5-5）$$

因此对上述向量对偶转变后得到：

设模型最优解为 λ^*, s^{-*}, s^{+*}, θ^*，则得出以下结论：

（1）若 $\theta^* = 1$, $s^{+*} \neq 0$ 或 $s^{-*} \neq 0$，则 DMU_{j0} 为弱 DEA 有效。

（2）若 $\theta^* = 1$，且 $s^{+*} = 0$, $s^{-*} = 0$，则 DMU_{j0} 为 DEA 有效。

（3）当 $\theta^* < 1$ 时，DMU_{j0} 为非有效，DMU_{j0} 投入降低到了 $\theta^* X_0$，产出 y_0 却未变的状态。

（4）如果存在 λ_j^* （$j = 1$, 2, $\cdots$, m），使 $\sum\limits_{j=1}^{n} \lambda_{j0}^*$ 成立，则决策单元 DMU_{j0} 为规模效益不变；若不存在，则 $\sum\limits_{j=1}^{n} \lambda_{j0}^* < 1$ 时，DMU_{j0} 为规模效益递增；当 $\sum\limits_{j=1}^{n} \lambda_{j0}^* > 1$ 时，得出 DMU_{j0} 为规模效益递减。

2. 规模报酬可变的 BC^2 模型

1985 年，查纳斯、库伯和戈拉尼（Charnes, Copper and Golany）在 C^2R 的基础上提出了 BC^2 模型，相对于 C^2R 模型，增加了约束条件 $\sum\limits_{j=1}^{n} \lambda_{j0}^* = 1$，虽然测算的结果在一定的条件下会大于或小于 C^2R 的值，但是，测算出的纯技术效率将可以更加准确地解释效率的高低。两模型效率的基本关系式如下：

$$TE_{CCR} = PTE_{BBC} \times SE \qquad (\text{式 } 5-6)$$

式（5-6）中，TE_{CCR} 为技术效率，是 C^2R 模型计算出的效率结果；PTE_{BBC} 为纯技术效率，是 BC^2 模型下的效率结果；SE 为规模效率，表示两模型下效率的差异系数。

5.1.3 基于理论模型的命题假设

首先，根据以上基本模型的理论分析，反映出农村财政扶贫资金的投入与运行机制效率的评估可从两个方面——主成分分析和 DEA（投入和产出）支出效率的角度进行整体构建。主成分分析方面，为了提高 DEA 验证财政扶贫资金的投入与运行机制效率的准确性，需要对财政扶贫资金的整体运行机制进行综合性的评价，通过综合评价帮助分析财政扶贫资金运用于不同地区、时期的差异，并剖析出影响财政扶贫资金投入与运行机制效率水平的若干主导因素。

其次，DEA 支出效率研究方面，从我国现实情况而言，财政扶贫资金为主的投入指标选取基本没有较大变动，因此，从既定投入获得最大产出和最小投入保持现有产出的角度便可达到本书的研究目的。所以，本书主要选择以投入为导向的模型进行效率测算。根据 C^2R 和 BC^2 分析，在规模报酬不变和可变的情况下，C^2R 测算的综合技术效率是一致的，所以本书仅利用 C^2R 测算规模报酬不变情况下的综合技术效率，而利用 BC^2 测算规模报酬可变情况下的纯技术效率和效率差异值，以达到分析财政扶贫资金投入与运行机制效率不同情况下的具体分析。因此，根据以上判断，明确：规模效率是指在纯技术效率不变的情况下，财政扶贫资金的投入规模量的多寡所产生的效率影响；纯技术效率是指规模效率不变的情况下，财政扶贫资金投入目标、管理、分配、使用和绩效评价等方面所呈现的效率表现；综合技术效率代表规模效率和纯技术效率共同影响、作用下的整体效率表现，是本书所认定的财政扶贫资金投入与运行机制效率验证的具体表现形式。

再次，为更加全面地分析和验证我国财政扶贫资金的投入与运行机制的效率情况，本书选取从不同省份（横向）和不同年度（纵向）的角度分别进行资金投入与运行机制效率的评价。其中，横向分析是按照财政扶贫资金投入具体贫困地区所涉及的 22 个省（区、市）资金运行情况为分析对象，进行的资金整体运行机制效率的评价；纵向分析是按照不同年度财政扶贫资金投入到贫困地区的资金运行情况为分析对象的效率评价过程。

最后，我们假设：

（1）农村财政扶贫资金的投入和产出的模型是在规模报酬变化的情况下设计。

（2）投入与产出指标数据具有正向作用，增加投入会提高产出。

（3）指标的同期化，当期的财政资金的投入影响当前的产出变化。

（4）效率的最优表现是各效率值为 1 的情况。

5.2 基于不同省份资金投入与运行机制效率的横向分析

5.2.1 变量选择与数据来源

按照模型的假设条件和财政扶贫资金的主要组成情况，横向分析中，投入指标方面，数据选取了各省向扶贫重点县和连片特困地区县（贫困地区）所投入的中央财政扶贫资金和省级配套财政扶贫资金为投入要素；产出指标方面，即财政扶贫资金投入所产生的效益，根据财政扶贫资金投入与运行效率的描述性分析比较，选取了代表贫困地区脱贫情况、贫困农户收入增长情况、基础设施建设情况的多项指标，具体为：各省区贫困地区的年脱贫人口数量、年贫困发生率下降幅度、当年的农民人均纯收入①、农民人均消费支出、粮食产量、农民住房和家庭设施状况占比、公共基础设施占比和文教科卫状况，其中农民住房和家庭基础设施状况的指标为贫困地区使用照明电的农户比重、使用管道供水农户比重、使用净化处理自来水农户比重指标进行平均化和标准化处理获得；贫困地区的公共基础设施状况指标采用通电、通电话、通电视网络、通宽带"四通"的贫困村比重、主干道路作硬化处理的贫困村比重、通客运班车贫困村比重、饮水净化贫困村比重以及畜禽集中饲养区建设贫困村比重的指标进行平均、标准

---

① 2011 年以来，国家统计局将原"人均纯收入"统一为"人均可支配收入"，由于纵向分析中 2011 年之前的数据居多，因此本章为统一说法，仍将 2011 年之后的人均可支配收入称为人均纯收入。

化处理;贫困地区的文教科卫情况的指标采用有文化活动室的贫困村比重、有卫生站(室)贫困村比重、有拥有合法行医证医生/卫生员的贫困村比重以及有小学且就学便利的贫困村比重的数据做平均化处理获得指标。

本部分研究选取的数据为 2017 年全国涉及扶贫重点县和集中连片特困地区的 22 个省的相关数据,数据主要来源于《中国农村贫困监测报告(2018)》《中国财政统计年鉴(2018)》《中国扶贫开发年鉴(2018)》《中国农村统计年鉴(2018)》和所涉 22 个省(区、市)的统计年鉴数据所汇总整理。

5.2.2 横向投入和产出指标的主成分分析

1. 主成分分析

根据 PCA 主成分分析方法,需要对选取的第一个综合指标 F_1 测算方差 $Var(F_1)$,$Var(F_1)$ 越大,F_1 所包含的信息量越多,F_1 为第一主成分;若 F_1 无法代表原 P 个指标变量,则考虑选取 F_2 为第二个综合指标,F_1 的信息则不会出现于 F_2,$Cov(F_1, F_2) = 0$,则 F_2 为第二主成分,以此类推。首先,为更准确地对本书中选取的投入和产出指标变量的关系进行阐释,对所选取的数据利用 SPSS 软件进行首次主成分分析处理。根据主成分指标测算,文教科卫、粮食产量指标与其他指标具有较小的相关性,因此将此指标排除,然后在对以上除文教科卫指标、粮食产量的其他数据进行主成分分析的无量纲化的标准处理,结果如表 5-1 所示。

表 5-1　　　　　　投入、产出变量标准化处理后的数据统计

省份	产出指标						投入指标	
	脱贫人口数	贫困发生率下降幅度	拥有农民住房和家庭基础设施状况占比	拥有基础设施占比	农民人均纯收入	农民人均消费支出	中央财政扶贫资金投入	省级财政扶贫资金投入
河北	0.1694	-0.5625	0.2404	0.4999	-0.0268	0.0376	-0.4561	0.3245
山西	-0.7037	0.3172	-0.1942	0.937	-1.9169	-1.2224	-0.5184	-0.3663
内蒙古	-0.6365	0.1999	-0.677	-0.1888	0.608	1.1771	-0.4058	1.4353
吉林	-1.1067	-0.9144	1.6	1.998	-0.6395	-0.2545	-1.085	-1.1088

省份	产出指标						投入指标	
	脱贫人口数	贫困发生率下降幅度	拥有农民住房和家庭基础设施状况占比	拥有基础设施占比	农民人均纯收入	农民人均消费支出	中央财政扶贫资金投入	省级财政扶贫资金投入
黑龙江	− 0.9052	− 0.2106	− 0.5538	0.5119	− 0.5928	− 0.6292	− 0.9877	0.0719
安徽	0.5053	0.3172	− 0.4991	0.7854	1.4999	1.0958	− 0.4066	− 0.6037
江西	0.1694	0.5518	− 0.7062	0.1978	− 0.0995	− 0.1575	− 0.7377	0.0704
河南	0.2702	− 0.152	− 0.5601	0.2736	1.3973	− 0.3694	0.0046	− 0.8121
湖北	0.0687	0.3172	− 0.4673	− 0.548	1.2	1.1961	− 0.399	− 0.9126
湖南	1.5463	0.1413	− 0.3975	0.0913	− 0.5785	0.1993	− 0.2855	− 0.7558
广西	− 0.0656	0.6691	0.6724	− 1.5233	0.1783	0.3799	− 0.0338	− 0.2765
贵州	2.5202	1.3729	− 0.1306	− 1.0785	− 0.6824	− 0.3114	1.3382	− 0.1107
云南	1.2441	− 0.3866	− 0.2005	− 1.1653	− 0.7693	− 1.3584	2.0609	0.8084
西藏	− 0.7709	1.6661	− 1.5029	− 1.5091	0.5872	− 1.51	− 0.6387	− 0.8578
陕西	0.3374	− 0.0347	0.5327	0.9074	0.0732	0.2562	1.0455	3.0939
甘肃	1.2105	1.0797	0.3078	0.5163	2.3375	− 1.4097	2.2281	0.4204
青海	− 0.7709	0.024	0.9075	0.479	0.4886	2.2955	− 0.4143	− 0.3207
宁夏	− 1.0395	− 0.2693	0.3865	0.9392	− 0.4565	− 0.0494	− 1.0841	− 1.0541
新疆	− 0.9388	− 0.5625	2.9374	1.1743	− 0.3526	− 1.0852	0.5413	1.0412

资料来源：利用 SPSS 13.0 软件进行标准化处理获得。

其次，运用 SPSS 13.0 软件对财政扶贫资金投入与产出的数据进行标准化处理后，为检验数据选取的合理性，借助指标的相关系数矩阵、KMO 检验和巴特利特球度（Bartlett）检验，考察原始变量之间的相关性，是否适合利用 PCA 提取主成分，如 KMO 的值 > 0.5，Bartlett 检验概率 P（sig）接近于 0，则表明适合对原变量进行主成分分析，可进一步测算投入与产出数据指标的特征根、方差贡献率以及主成分负载；此外，还可通过对投入、产出指标的公因子方差进行验证，如公因子方差接近 1，则进一步说明适合主成分分析，且选取指标对原变量具有较高的解释程度。如表 5 - 2 和表 5 - 3 所示，利用 SPSS 软件，对产出和投入指标的选取样本是否符合分析的检验标准进行 KMO 和 Bartlett 检验测算，发现产出、投入的 KMO

指标值（0.663、0.540）均大于 0.5，且 P（Sig）值（0.0007 和 0.0000）接近或等于 0，因此认定取值满足分析要求，指标可作 PCA 分析。此外，除满足以上指标外，从表 5 - 4 和表 5 - 5 可看出，产出、投入指标的各项公因子方差接近于 1，再次验证选取的指标也具有一定的合理性，因此，可用作解释投入与产出指标具体变量的 PCA 分析。

表 5 - 2　　　　　　　　KMO 和 Bartlett 的检验（产出指标）

取样足够度的 Kaiser-Meyer-Olkin 度量		0.663
Bartlett 的球形度检验	近似卡方	39.902
	df	15
	Sig.	0.007

资料来源：数据来源于 SPSS 13.0 软件球形检验输入、输出指标测算。

表 5 - 3　　　　　　　　KMO 和 Bartlett 的检验（投入指标）

取样足够度的 Kaiser-Meyer-Olkin 度量		0.540
Bartlett 的球形度检验	近似卡方	126.823
	df	2
	Sig.	0.000

资料来源：数据来源于 SPSS 13.0 软件球形检验输入、输出指标测算。

表 5 - 4　　　　　　　　公因子方差（产出指标）

产出指标	初始	提取
脱贫人口数	1.000	0.954
贫困发生率下降幅度	1.000	0.891
拥有农民住房和家庭基础设施状况占比	1.000	0.855
拥有基础设施占比	1.000	0.932
农民人均纯收入	1.000	0.857
农民人均消费支出	1.000	0.918

资料来源：表中数据是利用 SPSS 软件因子分析方法测算获得。

表 5 - 5　　　　　　　　　　公因子方差（投入指标）

投入指标	初始	提取
中央财政扶贫资金	1.000	1.000
省级财政扶贫资金	1.000	1.000

资料来源：数据是利用 SPSS 软件因子分析方法测算获得。

利用 SPSS 软件的因素分析方法继续测算投入与产出指标的特征值、贡献率和综合负载系数。如表 5 - 6 ~ 表 5 - 9 所示，发现产出指标的 4 个主成分累积贡献率为 89.777%，大于 80%；投入指标的 2 个主成分累积贡献率达到 100%，大于 80%，说明产出指标 4 个主成分和投入主标的 2 个主成分即可代表效率评价的组成，因此，选择采用主成分 E1 ~ E4 代表原 7 个产出指标，而 F1、F2 代表投入角度的两个主成分指标。

表 5 - 6　　　　　　　　产出指标的主成分分析结果

主成分	特征值	贡献率（%）	累计贡献率（%）
E1	2.092	34.869	34.869
E2	1.912	31.868	66.737
E3	0.765	12.751	79.488
E4	0.617	10.289	89.777

资料来源：利用 SPSS 软件测算获得。

表 5 - 7　　　　　　　　投入指标的主成分分析结果

主成分	特征值	贡献率（%）	累计贡献率（%）
F1	1.544	77.181	77.181
F2	0.456	22.819	100.000

资料来源：利用 SPSS 软件测算获得。

表 5 - 8　　　　　　　　产出指标主成分负载系数测算结果

产出指标	成分				
	1	2	3	4	5
脱贫人口数	-0.761	-0.069	0.291	0.534	-0.761

续表

产出指标	成分				
	1	2	3	4	5
贫困发生率下降幅度	-0.772	-0.126	0.415	-0.326	-0.772
拥有农民住房和家庭基础设施状况占比	0.660	-0.523	0.106	0.367	0.660
拥有公共基础设施占比	0.520	-0.569	0.506	-0.251	0.520
农民人均纯收入	0.239	0.888	0.080	-0.072	0.239
农民人均消费支出	0.392	0.711	0.484	0.152	0.392

资料来源：利用 SPSS 软件测算获得。

表 5 – 9　　　　　　　　　投入指标主成分负载系数测算结果

投入指标	成分	
	1	2
中央财政扶贫资金	0.879	-0.478
省级财政扶贫资金	0.879	0.478

资料来源：利用 SPSS 软件测算获得。

2. 指标替换后的主成分分析

根据上述指标替换说明，将表 5 – 1 的投入指标转换成 F1、F2，产出指标转换为 E1、E2、E3、E4、E5，在利用 SPSS 13.0 软件测算出来 22 个省份的主成分指标数据，获得表 5 – 10。

表 5 – 10　　　　　　　　　标准化后的主成分指标数据

省份	E1	E2	E3	E4	F1	F2
河北	0.34991	-0.182	0.14466	0.3958	-0.0749	0.81709
山西	-0.13738	-1.56605	-0.47713	-1.35194	-0.50352	0.1592
内蒙古	0.18733	0.97151	0.45584	-0.7613	0.58593	1.92704
吉林	1.62048	-1.32339	0.39883	-0.32398	-1.24856	-0.02492
黑龙江	0.17403	-0.46365	-0.65708	-1.29497	-0.52118	1.10907
安徽	0.11314	0.9681	1.665	-0.25045	-0.575	-0.20624

续表

省份	E1	E2	E3	E4	F1	F2
江西	− 0.47988	− 0.0129	0.28638	− 0.67271	− 0.37977	0.84582
河南	− 0.06074	0.58352	0.03608	− 0.38354	− 0.45958	− 0.85488
湖北	− 0.06453	1.26978	0.65327	− 0.00703	− 0.74643	− 0.53759
湖南	− 0.74628	− 0.1781	0.73609	1.10512	− 0.59264	− 0.49232
广西	− 0.29767	0.45165	− 0.31763	0.6817	− 0.1766	− 0.25408
海南	1.72653	0.9904	− 2.64774	1.61845	− 1.23581	0.50576
重庆	0.57682	1.67554	− 0.35167	− 0.10305	0.2272	− 0.68136
四川	− 1.34182	0.81648	− 0.42813	− 0.10694	1.09226	− 0.1604
贵州	− 1.8691	− 0.25761	0.70347	1.81611	0.69864	− 1.51651
云南	− 1.00505	− 0.48087	− 1.47481	1.3886	1.63302	− 1.31098
西藏	− 1.3992	0.48899	− 1.49154	− 2.26746	− 0.8517	− 0.22931
陕西	0.33974	− 0.29614	0.95354	0.31211	2.35588	2.14403
甘肃	− 1.14461	− 1.96252	0.29361	0.37156	1.50734	− 1.89212
青海	1.16281	0.71664	1.66631	0.17541	− 0.41829	0.09804
宁夏	0.7715	− 0.56013	0.05432	− 0.86785	− 1.21692	0.03139
新疆	1.52397	− 1.64926	− 0.20165	0.52633	0.90065	0.52324

3. 影响投入与产出指标的因素分析

按照表5−11的主成分数据，利用 SPSS 软件的因素分析，进行输入（投入）和输出（产出）指标主成分影响因素的贡献率和综合负载程度的测算，测算结果如表5−12和表5−13。通过主成分分析，输出指标综合负载较高的因素，说明输入指标更为侧重地投入该输出指标；输入指标综合负载较高的因素，说明输入指标所产生的产出影响更为明显。

表5−11　　产出指标主成分影响因素的贡献率和综合负载结果

项目	E1	E2	E3	E4	对应贡献率	综合负载	综合负载排序
脱贫人口数	0.520	− 0.569 *	0.506	− 0.251	0.31868	0.1813	6
贫困发生率下降幅度	0.392	0.711 *	0.484	0.152	0.31868	0.2265	5

续表

项目	E1	E2	E3	E4	对应贡献率	综合负载	综合负载排序
拥有农民住房和家庭基础设施状况占比	−0.772*	−0.126	0.415	−0.326	0.34869	0.2691	2
拥有公共基础设施占比	0.239	0.888*	0.080	−0.072	0.31868	0.2829	1
农民人均纯收入	0.660*	−0.523	0.106	0.367	0.34869	0.2301	4
农民人均消费支出	−0.761*	−0.069	0.291	0.534	0.34869	0.2653	3

注：＊代表显著的成分系数。
资料来源：由 SPSS 软件测算获得结果。

表 5 – 12　　　　　投入指标主成分影响因素的贡献率和综合负载结果

项目	F1	F2	对应贡献率	综合负载	综合负载排序
中央财政扶贫资金	0.912*	−0.409	0.84307	0.7689	1
省级财政扶贫资金	0.839*	0.544	0.84307	0.7073	2

注：＊代表显著的成分系数。
资料来源：由 SPSS 软件测算获得结果。

　　基于本书假设，根据产出、投入指标的主成分影响因素的贡献率和综合负载测算结果，本书从影响 22 个省份农村财政扶贫资金投入与产出指标的重要因素和影响程度的角度进行了分析，发现：

　　（1）目标瞄准偏离贫困个体。具体表现在财政扶贫资金对基础设施的产出贡献率高于脱贫个体的产出贡献率，各省（区、市）资金目标的瞄准主要倾向基础设施项目建设，脱贫个体的瞄准度有待精准。由表 5 – 11 发现，产出指标测算的重要性（综合负载率）从低到高的排序为：脱贫人口数（0.1813）、贫困发生率下降幅度（0.2265）、农民人均纯收入（0.2301）、农民人均消费支出（0.2653）、拥有农民住房设施占比（0.2691）和拥有公共基础设施占比（0.2829）。由综合负载率的排序可以看出，财政扶贫资金主要对贫困地区的基础设施建设产生了巨大的贡献成果，明显高于贫困个体的脱贫人数和农民人均纯收入等因素指标的负载率，一方面验证了财政资金投入目标瞄准仍倾向于贫困地区的大型基础设施项目，较少关注提高贫困个体的个人需求项目；另一方面也验证了财政扶贫资金在提高农民人均收入的使用方面影响不足，相对于其他基础设施项目，贫困个体明显较少参与和获得直接扶贫收益。

因此，财政扶贫资金的投入方面，作为脱贫攻坚的重要目标，还应加大资金对脱贫个体的精准扶持力度，继续以实现贫困群体最终脱贫为目标，以免资金的投入偏离目标群体，从而才能提高贫困地区尤其是贫困人口的农民人均纯收入水平，加快贫困地区的脱贫步伐。

（2）各省（区、市）扶贫工作开展中，中央财政扶贫资金仍占据主导地位。从表 5 - 12 中发现，中央财政扶贫资金的综合负载（0.7689）高于省级财政扶贫资金（0.7073），反映出各省（区、市）的中央财政扶贫资金相对于省级财政扶贫资金的投入对扶贫效率的影响作用更为明显，一方面是由于我国长期以来中央财政扶贫资金为主的资金结构决定，另一方面也说明较于中央财政扶贫资金，省级财政扶贫资金的配套相对不足。由此说明，中央财政扶贫资金作为农村财政扶贫资金的主要资金来源，加大中央财政扶贫资金规模对促进贫困地区的脱贫发展仍具有重要的作用。

5.2.3　横向分析的 DEA 效率测算与评价

由于作为 DEA 变量的前提假设条件为输入和输出指标的测算结果均不小于 0，为方便 DEA 测算，本书对表 5 - 10 的测算指标进行了 e 幂次方的标准化处理，再利用 DEA Solver 软件进行投入与运行效率的相关评价，具体测算结果如表 5 - 13 所示。

为更清晰地分析政府财政扶贫资金的重要影响程度，按照《中国农村贫困监测报告（2018）》对我国东、中、西部的地域划分办法，将 22 个省（区、市）按照东、中、西部地区进行 PCA 主成分分析和 DEA 效率评价分析，由于测算具体步骤和前文相似，因此，不再赘述具体方法。测算结果如表 5 - 13 和表 5 - 14 所示。

表 5 - 13　　　　　　　22 个省份 DEA 投入—产出效率评价结果

省份	综合技术效率	排序	纯技术效率	排序	规模效率	排序
河北	0.239	10	0.393	11	0.609	9
山西	0.179	12	0.647	7	0.278	14
内蒙古	0.201	11	0.205	12	0.98	2
吉林	1.000	1	1.000	1	1.000	1

续表

省份	综合技术效率	排序	纯技术效率	排序	规模效率	排序
黑龙江	0.175	13	0.484	8	0.362	13
安徽	1.000	1	1.000	1	1.000	1
江西	0.257	9	0.449	9	0.572	11
河南	0.752	2	1.000	1	0.752	7
湖北	1.000	1	1.000	1	1.000	1
湖南	1.000	1	1.000	1	1.000	1
广西	0.583	5	0.702	6	0.831	6
海南	1.000	1	1.000	1	1.000	1
重庆	1.000	1	1.000	1	1.000	1
四川	0.284	8	0.433	10	0.657	8
贵州	1.000	1	1.000	1	1.000	1
云南	0.727	3	0.798	5	0.911	4
西藏	0.493	7	0.934	4	0.528	12
陕西	0.060	14	0.070	13	0.857	5
甘肃	1.000	1	1.000	1	1.000	1
青海	1.000	1	1.000	2	1.000	1
宁夏	0.59	4	0.989	2	0.596	10
新疆	0.544	6	0.958	3	0.958	3
平均值	0.640	—	0.758	—	0.813	—

资料来源：利用 DEA Solver 软件的测评获得。

表 5 – 14   贫困地区所涉 22 个省份区域的效率评价结果

项目	综合技术效率	排序	纯技术效率	排序	规模效率	排序
中部	0.618	2	0.753888889	2	0.77156	2
东部	0.607	3	0.698	3	0.813	1
西部	0.6698	1	0.8182	1	0.7609	3

资料来源：利用 DEA Solver 软件的测评获得。

根据表 5 – 13 和表 5 – 14 局部和整体地区的 DEA 支出效率评价结果

发现：

（1）资金管理、分配等运行机制的不足是造成资金运行综合技术效率偏低的主要原因。如表 5 - 13 所示，吉林、安徽、湖北、湖南、重庆、海南、贵州、甘肃、青海 9 个省份的纯技术效率、规模效率均达到 1，说明相对于贫困地区所涉的 14 个其他省份，9 个省份的财政扶贫资金投入与运行机制的运行效率较高；河北、内蒙古、江西、广西、云南、四川、陕西等省份的规模效率要高于纯技术效率，反映出这些省份的财政扶贫资金投入所产生的规模效率要优于资金整体运行机制所产生的技术效率，说明资金运行机制中存在的管理、分配等一系列的问题，如资金投入目标瞄准偏离管理分散和分配不合理等存在的问题，都会直接制约资金投入与运行机制的纯技术运行效率的提升；不仅如此，即使规模效率达到最优，纯技术效率无法达到最优，也会直接降低资金运行的综合技术效率，导致整体效率无法达到最优。

（2）部分省份的财政扶贫资金投入规模仍不足、整体运行机制存在的问题，共同导致了综合技术效率低。黑龙江、江西、陕西、四川 4 个省份的纯技术效率和规模效率均偏低，综合效率也偏低，说明 4 个省份的财政扶贫资金仍存在投入规模不足、资金结构不够合理、资金管控和相关运行水平尚不到位等问题，从而导致了 4 个省份规模效率和纯技术效率均较低，进而导致资金运行的综合技术效率偏低。因此，在财政扶贫资金投入方面，还应加大四省份的财政扶贫资金的投入规模，分省区重点评估资金运行机制中直接导致纯技术效率低的根本原因。

（3）政府扶贫的关注、执行能力决定了资金运行效率的高低。贫困地区按照我国地域划分标准，如表 5 - 14 所示，东部、西部、中部的省份效率排名中，在中、西部规模效率（0.77156、0.7609）低于东部地区（0.813）的情况下，由于纯技术效率较高的带动下，实现了综合技术效率的提升，最终表现为西部（0.6698）的综合技术效率高于中部地区（0.618）和东部地区（0.607）。这也反映出由于中、西部地区贫困相对较于集中，政府对中、西部地区的整体资金运行效率和效果的关注度更高，尤其是贫困县和贫困人口相对较为集中的西部地区这种关注会更加明显，这种关注意味着无论是资金的投入、管理、分配或其他环节会具有更高的评判要求，一定程度保证了整体运行效率高于其他地区。

5.3 基于不同年份资金投入与运行机制效率的纵向分析

5.3.1 变量选择与数据来源

DEA 模型效率的纵向分析，是通过将全国 2003～2018 年农村贫困地区财政扶贫资金作为投入目标，将贫困地区的脱贫人口、贫困发生率的下降率、农民人均纯收入、粮食产量产出、科教文卫基础设施占比、水电通信等基础设施占比等指标作为产出对象，以实现对不同年度间财政扶贫资金投入与运行机制运行效率的分析。纵向分析的分析方式有利于补充横向分析中不同年份数据缺失造成的分析结果不足而导致效率分析的单一化，也有利于充分检验不同分析方法下财政扶贫资金投入与运行机制效率分析结果的一致性。

5.3.2 纵向投入和产出指标的 PCA 主成分分析

根据表 5－14 的数据，运用 SPSS 软件的因子分析方法进行主成分分析，得出 2003～2018 年农村财政扶贫资金投入与产出数据的特征值、方差贡献率和主成分负载，如表 5－15～表 5－23 所示。其中，表 5－15 和表 5－16 中，投入与产出指标的 KMO 值分别为 0.761 和 0.771，均大于0.5，说明指标数据足够适合作因子分析。表 5－17 和表 5－18 中投入、产出指标的公因子方差中也接近 1，说明所选的投入、产出指标具有一定的合理性，主成分模型对原变量具有较高的解释程度。

表 5－15　　　　　　　　KMO 和 Bartlett 的检验（产出指标）

取样足够度的 Kaiser-Meyer-Olkin 度量		0.761
Bartlett 的球形度检验	近似卡方	165.803
	Df	15
	Sig.	0.000

表 5 – 16　　　　　　　　KMO 和 Bartlett 的检验（投入指标）

取样足够度的 Kaiser-Meyer-Olkin 度量		0.771
Bartlett 的球形度检验	近似卡方	84.582
	Df	3
	Sig.	0.000

表 5 – 17　　　　　　　　公因子方差（投入指标）

输入指标	初始	提取
中央财政扶贫资金	1.000	0.991
省级财政扶贫资金	1.000	0.993
社会扶贫资金	1.000	0.996

表 5 – 18　　　　　　　　公因子方差（产出指标）

产出指标	初始	提取
脱贫人口数	1.000	0.999
贫困发生率下降幅度	1.000	0.999
农民人均纯收入	1.000	0.984
粮食产量	1.000	0.974
科教文卫事业占比	1.000	0.992
水电通信等基础设施建设	1.000	0.981

表 5 – 19　　　　　　　　产出指标的主成分分析结果

主成分	特征值	贡献率（%）	累计贡献率
E1	4.349	72.486	72.486
E2	1.580	26.338	98.824

表 5 – 20　　　　　　　　投入指标的主成分分析结果

主成分	特征值	贡献率（%）	累计贡献率
F1	2.980	99.328	99.328

表 5 – 21　　　　　　产出指标的主成分负载系数和综合负载

产出指标	E1	E2	对应贡献率	综合负载	综合负载排序
脱贫人口数	0.593	0.805 *	0.263	0.211715	6
贫困发生率下降幅度	0.590	0.807 *	0.263	0.212241	5
农民人均纯收入	0.967 *	– 0.220	0.725	0.701075	3
粮食产量	0.906 *	– 0.392	0.725	0.65685	4
科教文卫事业占比	0.970 *	– 0.224	0.725	0.70325	2
水电通信等基础设施建设	0.975 *	– 0.173	0.725	0.706875	1

表 5 – 22　　　　　　投入指标的主成分负载系数和综合负载

产出指标	F1	对应贡献率	综合负载	综合负载排序
中央财政扶贫资金	0.995 *	0.9933	0.9883335	3
省级财政扶贫资金	0.997 *	0.9933	0.9903201	2
社会扶贫资金	0.998 *	0.9933	0.9913134	1

表 5 – 23　　　　　　不同年份的产出指标主成分分析结果

年份	E1	E2	F1
2003	– 1.25596	– 0.85839	– 0.91145
2004	– 1.05573	– 0.16679	– 0.88351
2005	– 0.94349	0.05633	– 0.84214
2006	– 0.69106	– 0.40892	– 0.78605
2007	– 0.62561	0.15273	– 0.74248
2008	– 0.18677	– 0.87855	– 0.59928
2009	– 0.01854	– 0.84871	– 0.39119
2010	0.10502	– 0.36802	– 0.20793
2011	– 0.41495	2.89991	0.07154
2012	0.54800	0.91409	0.68287
2013	1.21207	0.05712	1.12504
2014	1.54847	– 0.35513	1.47156
2015	1.77855	– 0.19465	2.01303

注：表 5 – 21 ~ 表 5 – 22 的 * 代表显著的成分系数。

资料来源：表 5 – 15 ~ 表 5 – 23 均由 SPSS 软件主成分分析获得。

由主成分分析结果如表 5 – 17、表 5 – 18 和表 5 – 19 可得，产出指标的 2 个累计贡献率已达到 98.824%，大于 90%，而投入指标的 1 个累计贡献率就达到 99.328%，也大于 90%。根据主成分结果，建立以主成分 E1、E2 代表原 6 个产出指标所表达的信息，用 F1 代表 3 个投入指标的所有信息，如表 5 – 21 和表 5 – 22 分别列出了产出指标和投入指标的主成分负载系数，按照主成分负载系数的显著程度和对应贡献率，相乘可以得出产出和投入指标的综合负载值，按照数值可排列综合负载的顺序。基于本书假设，根据财政扶贫资金投入与产出指标的贡献率和综合负载系数值，发现：

（1）横向分析中财政扶贫资金的投入瞄准偏离贫困个体。表 5 – 21 中，产出指标根据主成分分析后的综合负载显示的重要程度由高到低为：水电基础设施建设占比、科教文卫事业占比、农民人均纯收入、粮食产量、贫困发生率下降幅度和脱贫人口数，根据结果反映出扶贫资金反贫困的过程中更注重解决贫困地区的基础设施建设和科教文卫事业的发展，一方面是因为这些是贫困地区发展最基本的设施基础，另一方面也反映出政府对科教文卫事业直接和长效缓解贫困人口具有重要作用的充分认识；也反映出，对于包括贫困发生率的下降幅度和脱贫人口的个体脱贫力度，财政扶贫资金的投入影响程度较低，下一步还应加大对个体脱贫能力的资金投入和项目力度。

（2）中央和省级财政扶贫资金的多层管理、分配不合理等因素造成影响程度低于社会扶贫资金。表 5 – 22 中，对于资金量逐步增加且趋于中央和省级财政扶贫资金量的社会扶贫资金，据表 5 – 22 的测算结果发现，社会扶贫资金支出综合负载系数排名第 1，其投入与运行对扶贫效果的影响程度（0.9913134）明显高于省级财政扶贫资金（0.9903201）和中央财政扶贫资金（0.9883335）的影响程度，而产生这种结果的主要原因：一方面中央财政扶贫资金自上而下、多层级的资金管理和使用、资金投入扶贫项目的瞄准偏离等问题降低了资金运用产生的扶贫效果，另一方面也验证了社会扶贫资金自身的投入与运行机制存在一定的合理性，能对扶贫工作的开展产生较大的影响。此外，省级财政扶贫资金的综合负载率（0.9903201）高于中央财政扶贫资金（0.9883335），说明 2003 年以来，省级财政扶贫资金对不同年度的脱贫效果的影响逐渐展现出来，另一方面也说明中央财政扶贫资金多层次的资金管理机制难以避免层级损耗所造成的扶贫效果的降低。

（3）社会扶贫资金参与提高了资金投入与运行机制的扶贫效果。为进一步验证社会扶贫资金在扶贫工作中的作用和对财政扶贫资金整体机制的影响，将"社会扶贫资金"的指标排除，单独验证中央和省级财政扶贫资金的贡献率发现，中央财政扶贫资金（0.768721）和省级财政扶贫资金（0.796327）的综合负载率明显低于社会扶贫资金参与下的两类财政扶贫资金的综合负载率（0.9883335、0.9903201），说明财政扶贫资金与社会扶贫资金良好的运行合作，对提升财政扶贫资金整体运行机制的扶贫效果具有重要的促进作用。

5.3.3　纵向分析的 DEA 效率测算与评价

在表 5-19 中，加入"社会扶贫资金"的输入指标会不利于区分农村财政扶贫资金在利用 DEA 方法中具体财政扶贫资金的效率测评，因此，为准确计算财政扶贫资金投入与运行机制的整体效率，此处将排除"社会扶贫资金"的输入指标，然后再将排除后的数据进行主成分分析并运用 DEA 支出效率模型测算 2003~2015 年的财政扶贫资金投入与运行机制效率，此部分的主成分分析由于测算方式与横向、纵向的主成分分析方法一致，此处将不再列出具体测算过程，而是仅保留了利用 DEA Solver 软件处理后的不同年份的效率结果，如表 5-24 所示。

表 5-24　　　不同年份的财政扶贫资金 DEA 投入—产出效率评价

年份	综合技术效率	排序	纯技术效率	排序	规模效率	排序
2003	0.104	8	0.98	3	0.106	13
2004	0.057	11	0.491	9	0.116	12
2005	0.051	12	0.393	10	0.13	11
2006	0.105	7	0.625	7	0.168	10
2007	0.064	10	0.357	11	0.179	7
2008	0.278	5	1.000	1	0.278	8
2009	0.319	4	0.998	2	0.32	9
2010	0.223	6	0.63	6	0.354	6
2011	0.007	13	0.025	13	0.281	5
2012	0.096	9	0.199	12	0.484	4

年份	综合技术效率	排序	纯技术效率	排序	规模效率	排序
2013	0.441	3	0.569	11	0.776	3
2014	0.554	2	0.642	8	0.875	2
2015	0.784	1	0.784	4	1.000	1

根据表 5-24 的纵向 DEA 效率评价测算结果发现:

(1) 不同时期财政扶贫资金管理政策的规范,提高了资金整体的运行效率。2003~2009 年,我国农村财政扶贫资金综合技术效率值基本呈上升趋势,但仍未满足效率最优,整体的效率低于 2012 年之后的效率,主要原因在于 2009 年之间财政扶贫资金投入与运行机制的各环节还处于逐步规范阶段。2010~2011 年,资金的技术效率呈直线下降,主要归结于这一时期我国采用了新的扶贫标准,脱贫效果较于前期势必有大幅度的下降。2012 年以后,财政扶贫资金的效率处于整体上升趋势,这主要归结于 2011 年除指定新的扶贫标准外,《中国农村扶贫开发纲要 (2010-2020)》和《财政扶贫资金管理办法 (试行)》相继颁布后,对财政扶贫资金的投入与运行提出了更为完善、规范的资金管理措施和要求,以及 2013 年国家 "精准扶贫" 思路的提出后,伴随着财政扶贫资金投入规模的增加、投入与运行机制各个环节逐步趋于规范,都有效促进了财政扶贫资金整体运行效率的提升。

(2) 财政扶贫资金投入与运行机制存在的问题,仍是导致多数年份资金整体运行效率尚未达到最优的主要原因。2012 年以后,财政扶贫资金的规模效率增长幅度普遍高于纯技术效率的增长幅度,这反映出了该时期政府不断扩大的财政扶贫资金投入规模有效提升了资金运行的规模效率;但发现规模效率尚未达到最优,一定程度说明资金投入规模还尚未达到满足贫困地区和贫困人口现实所需规模,这就需要政府继续不断扩大财政扶贫资金投入;同时,也可以看到,除 2008 年资金纯技术效率达到最优外,2003~2015 年间的其他年度都尚未达到纯技术效率的最优,并影响了综合技术效率也未达到最优水平,这也说明这一时期由纯技术效率和综合技术效率决定的财政扶贫资金投入与运行机制效率,由于财政扶贫资金投入与运行机制中整体运行环节中仍存在的一系列遗留和现实问题,导致了在资金投入规模一定的情况下,资金投入与运行机制效率无法达到最优的效率状态。

结论：运用 PCA 主成分分析和 DEA 支出效率模型对财政扶贫资金投入与运行机制的纵向分析发现：

一方面，再次验证了横向分析中财政扶贫资金的投入瞄准偏离贫困个体。不同年度的财政扶贫资金投入、产出指标的 PCA 分析发现，财政扶贫资金投入也主要倾向大型基础设施项目建设，而忽视了贫困个体的脱贫。

另一方面，多层级的资金传递管理机制降低了中央、省级财政扶贫资金的整体机制效率。结合 PCA 与 DEA 分析，不同年度间作为国家扶贫资金规模较大、资金传递层级较多的中央财政扶贫资金对扶贫产出的影响程度低于省级财政扶贫资金、社会扶贫资金，两类财政扶贫资金的影响程度均又低于社会扶贫资金，说明多层次的财政扶贫资金传递管理方面存在的不足，是降低资金运行机制效率的重要原因之一，也说明社会扶贫资金在扶贫工作中发挥重要和不可缺失的作用。DEA 分析也发现不同时期资金管理政策的发布，对资金投入与运行机制的规范和完善，促进资金运行机制效率的提升具有重要作用。

第 6 章

农村财政扶贫资金投入及运行
机制的国际经验借鉴与启示

6.1 典型国家扶贫资金投入与运行机制的经验总结

6.1.1 美国财政支持的福利式扶贫

美国是世界上经济发展水平最高的国家之一，是一个多种族和多移民国家，国家内部阶级分化、种族歧视和多民族的不稳定，造成了不同民族和阶级之间存在巨大的贫富差距，2012 年美国国家经济研究局报告显示，美国最富有的 20% 的人群拥有超过 74% 的国家财富，而最贫穷的 40% 的底层人群仅拥有 0.3% 的财富；2016 年 9 月，美国人口普查局统计发现 2015 年美国最富裕的 5% 人群收入是贫困人群收入的 16 倍，贫富差距较大的问题已严重影响到美国社会的稳定和经济的长期可持续发展。由于美国农村人口占全国人口比例较小，因此并没有专门针对农村的财政扶贫政策，而是采取主要针对贫富差距问题实施的全国范围内财政福利式的社会保障扶贫。

1. "社会保障安全网"对贫困的"兜底"

20 世纪 30 年代，为应对世界经济的大萧条，1935 年，美国颁布实施了针对老年人和残疾人的《社会保障法》，"社会保障安全网"初步形成；1964 年，颁布《经济机会法》，针对贫困和低收入人口出台沿用至今的财政支出的"开端计划"和职业培训等扶贫项目，形成"社会保障安全网"基本框架。美国"社会保障安全网"所设计的福利项目主要来源于联邦、州和地方三级财政拨款，对贫困和低收入人口实施的救助项目，据统计，政府从20世纪60年代"向贫困宣战"至今已安排22万亿美元用于反贫困，仅2012年，财政安排7990亿美元、至少92个项目，涵盖食品、住房、教育和职业培训、医疗补助、退伍军人安置等领域的贫困和低收入人群救助项目，如贫困家庭临时援助、儿童营养项目、补充营养援助项目、住房和教育补助项目。据2015年美国国家人口普查局发布的数据显示，2012年美国约5220万人（占当时全美人口的21.3%）每月至少享受一项或多项的政府扶贫项目。但重要的是，贫困人口"社会保障安全网"的建立是依托于具有工作能力的贫困人群基础上，"保障安全网"的福利获益必须依托于贫困家庭中个人的就业为要求。因此，伴随着不断完善和严格限定的"社会保障安全网"，2008年金融危机以来，美国经济和社会仍然保持稳定发展，对促进经济复苏避免高失业率带来的社会动荡起到巨大的"兜底"作用。

2. 政府、市场和社会三方主体的扶贫资金投入

在反贫困中，美国注重政府、市场和社会共同发挥力量的资金投入，据统计，2014年，联邦政府每年安排7000多亿美元、地方政府和社会力量约3000亿美元投入反贫困事业。尤其是20世纪80年代，美国政府与社会福利民营机构合作的项目大范围兴起，多数项目完全由非政府或非营利组织（NGO）按照政府的标准和要求开展实施，并随时接受社会监督；同时，如果NGO开展的公共事业具有较好的效果和较高的效率，政府还会提高对NGO的资助金额，根据莱塞特·萨拉蒙（1980年）研究发现，不包括医院和大学的资金投入，美国政府对NGO资金资助比例可达到NGO收入的41%，远远高于占比20%的私人捐赠和服务收费收入，政府高度依赖于NGO提供的公共事业，不仅提高了各NGO组织为获得更多资金资助的积极动力，也为NGO较为独立自主地参与公共事业提供了稳定的资金供给，例如美国不足30人的"纽约反饥饿联盟"，每年运行经费200多万美元，服务于超过180万的贫困人群，为获得更多的政府资金资助，该组织不断扩大反贫困事业规模。

政府与NGO资助的合作模式，极大地提高了NGO开展反贫困事业的积极性。在这种合作模式下，据美国联邦政府统计，2012年，全美4700

万贫困和低收入人群领取了联邦政府和 NGO 发放的食品券；据美国能源部统计，贫困和低收入家庭平均每人家庭住宅面积为 43 平方米，全国家庭平均住宅面积 71 平方米，在西方国家中排首位；3/4 的贫困和低收入家庭至少拥有一辆汽车，31% 拥有两辆汽车，91.3% 拥有固定电话，97% 拥有彩色电视，89% 拥有微波炉、烤箱等家用电器，31% 拥有计算机，在全社会的参与下，反贫困效率得到不断提高，贫困人口的生活得到极大改善。

3. 依法、及时调整、分类施策的财政扶贫

依法扶贫，是美国在开展反贫困工作中特别注重法治行为所提倡的做法，具体由美国国会审议通过并经总统签署颁布法律后，联邦政府制定和落实相关的反贫困政策。例如，为防止政府长期开展财政支持反贫困，而造成贫困人口产生严重的"福利依赖"思想和缺乏工作的积极性，1996年美国政府颁布了《个人责任和工作协调法》，将联邦政府安排财政资金最大的抚养子女家庭补助项目改为附有工作条件才可获得的贫困家庭临时援助项目，并对救助受益时间超过 5 年的贫困家庭不再提供经济援助。

及时调整、分类施策的财政扶贫政策。美国的财政资金支持的反贫困项目具有"大、杂、快"的突出特点，其中，"大"表现在目前政府的财政资金投入占反贫困总资金投入的 70% 以上，社会保障资金和反贫困项目资金总计高达 1 万亿美元。"杂"表现在反贫困项目的种类和分项较多，这主要在于反贫困项目投入的精确化和多元化，具体包括了现金补助、食品补助、教育和职业培训、社会服务、能源等 92 个项目，涉及联邦机构30 多家。"快"主要表现在反贫困项目变化快，为保证反贫困项目的公平性和反贫困主体项目不变的情况下，根据贫困趋势变化适时调整开展新的扶贫项目；对于贫困群体在享受福利反贫困政策时，必须接受政策要求的具有一定的工作限定条件和享有福利的时间限制，因此，所享受扶贫福利项目的人群并非一成不变，贫困群体会随限制条件的变化而变化。此外，由于美国不同州之间具有较大的区域性发展不平衡和区域性贫困，2013～2015 年美国开始实施"希望区"区域反贫困，对划定的贫困区域，由美国联邦政府、农业部、教育部等 12 个机构，公开竞争分批按 10 年期限进行专项扶持。

6.1.2　韩国财政支持的开发式扶贫

韩国属于亚洲国家，国土面积狭小，人口十分稠密，资源禀赋非常有限，二战时期韩国更是饱受帝国主义的侵略，生产力发展受到严重破坏，经济一度萎靡不振，20世纪60年代，为振兴经济发展，韩国大力发展工业和重工业，经济得到了较好的恢复，城市地区得到快速的发展，但工业的发展并未带动农村经济发展，反而造成农村地区环境污染，使原本稀有的土地资源更加珍贵；同时，由于工业经济地区发展的不平衡，导致城市和农村经济发展差距日益加大，农村贫困问题日趋凸显。据统计，1970年，农民人均收入仅占城市人均收入的60%，对于农业人口占总人口60%的韩国而言，城乡经济发展的严重不均衡，直接制约了韩国经济的综合发展。

为缓解城乡发展的巨大差距和农村严重的贫困现象，1970年以来，韩国开展了促进农业发展、缩小城乡发展差距的"新村运动"。新村运动是一项以政府为主导、立足乡村最根本需要，民间自发参与和政府指导相结合，具有广泛社会政治基础，分阶段目标管理，将农村反贫困与农村建设共同开展的政民运动。开展初期（1970~1980年），政府占有重大的主导地位，政府利用财政资金投入来改善农村基础设施条件、提供农业生产技术教育和培训、发展农业乡村文化等方式进行新农村建设。新村运动发展的中后期（1980年至今），政府逐渐由主导地位向指导、引导方向发展，通过设计农业总规划、提供一定的技术与服务、设立农业项目，引导农村居民自发地推进新村运动的发展，改善农村农民生活发展。新村运动的40多年来，韩国城乡居民收入和经济保持了同步的增长和发展，1970~2014年，韩国人均GDP从279.14美元上升到27964美元，年均增长629美元，城乡居民收入之比从1.97∶1下降到1∶0.84，韩国新村运动的成就和经验得到了联合国和发展中国家的肯定和重视，先后有130多个国家派员参观和学习韩国的主要经验措施包括：

1. 经济与文化全方位建设的资金项目投入

运动初期，政府的资金项目主要投入于实际的基础设施项目的开发上，主要包括农村公路、自来水、电力、住宅等改变农村基本面貌，改善农村居住环境和生活质量的基础设施和项目。随着新村运动逐步开展，资金项目重点转移到推广发展高产值农业生产、发展农产品加工业和区域特色农产品方面，积极推广农业保险和农村金融的发展。同时，大力建设乡村文化基础设施建设，包括村民会馆、读书室、运动场、敬老院、青少年活动中心等农村文化建设，通过举办各种农民培训、文艺活动，启发农民的勤勉、协同、自发奉献的精神（如表6–1所示）。

表6–1　　　　　　　韩国"新村运动"财政资金项目内容统计

发展阶段	时间	财政支农政策内容
基础建设阶段	1970～1973年	1. 政府无偿提供水泥、钢筋，改善农村村民居住条件；建设村居、农田之间的道路，修缮加固河堤等基础设施。 2. 财政建立研修院，培养新农村领导人；开展村民新村教育，组织专家、学者普及教育和生产技术。 3. 利用资金、物资利用效率进行评估，将自然村划分为自立村、自助村和基础村，项目完成率高的村落给予财政补贴
全面推进阶段	1974～1976年	1. 设立"中央协议会"，负责制定具体新村运动的具体方案和财政预算。 2. 财政补贴发展农业专业化生产；推广农作物耕种优良种子和鼓励、扶植经济作物栽培。 3. 为农民提供优惠贷款
农业提高阶段	1977～1980年	1. 发展农产品加工业、畜牧业和特色农业，增加农业收入。 2. 推进农业文化建设，对农工建设发展给予支持
农业改善阶段	1981～1988年	1. 制定农业发展规划，利用财政资金投入到农业技术研究，聘请农业人才对农业生产进行指导，对农民进行农业培训。 2. 鼓励农民发展经营多元化，鼓励金融流向农村地区，改革流通业，推进农业发展
加强国民教育阶段	1988年至今	1. 政府转移倡导国民教育，加强国民共同体意识和伦理道德建设，提升农民的民主和法制化教育。 2. 提出国民运动新理念："共同和谐生活"，政府职能逐渐弱化

　　资料来源：根据韩国经济研究院《韩国新村运动》（1998）内容汇总整理。

2. 设立高效统一的资金项目管理机构和制度

　　为高效完成中央制定的政策措施和资金项目投入，减少中间环节的内耗和重复，韩国政府合并、取消了一些机构，并根据具体需要新建相应组织机构。中央成立了直属"内务部"的中央协议会，内务部长担任议长；地方成立相应地方协议会，逐级建立了系统组织机构和工作程序。村级设立开发委员会，由10～12名农民代表、新村指导员组成，里长或指导员担任议长，具体筹划、协调和执行村级项目的运行和管理（如图 6 – 1 所示）。

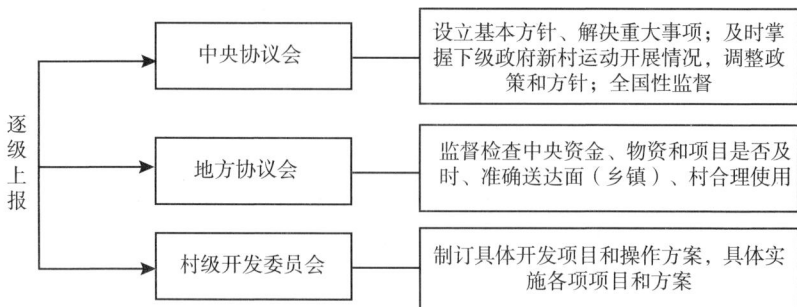

图 6 – 1　韩国反贫困资金项目管理体制示意

为更好地实施资金项目管理与运行，规范各级政府的责任和义务，韩国政府制定了一系列的科学管理制度，对各级政府管理对象、内容、方法、信息、组织和反馈等进行了明确翔实的规定。一是中央、道（省级）管理职责。及时掌握郡、面和村等下级政府的实际新村运行情况，及时制定和调整相关政策。其中，各道（省）的副知事负责及时收集分析相关情况并形成调研报告定期向中央报告，中央根据具体情况制定和调整政策；同时，中央委派有关官员、专家实施全国性检查监督。二是郡级（县）管理职责。主要负责监督检查中央资金、物资和项目是否及时、准确送达面（乡镇）、村合理使用。三是面（乡镇）级管理职责。面（乡镇）级派公务员每天在村调查研究，检查督促新村执行情况，收集相关数据，定期上报给面长；面长再根据情况每周或定期上报给郡守。及时、定期、高效的上报程序，不仅有效地提高了政策的实施效果和及时对不适政策加以调整，还有效提高了中央财政资金和项目在新村运动中的运行效率。

3. 整村推进，激发村民的高度积极性

韩国政府在新村运动初期，就认识到广大农民主动、积极自发参与新村建设的重要性，因此，政府最初的工作重点是以对村民进行科学的引导和扶持为目标，即使对村民有益的工作也必须征求村民意见，绝不强制实施推行政府单一决定的行为。为调动农民的积极性，韩国政府采取了三项以村民需求为根本的财政资金引导村级推动方式：

（1）资金投入的项目是以村为单位实施开发建设。每年 2 ～ 3 月，各村根据上年尚未解决的农民根本需求和新增需求为导向，计划开展新村工作，由村总会研究决定项目内容、规模、实施范围和预期目标，村开发委员会研究具体实施操作计划，如资金具体分配、工作日程安排、劳动力安排等，以及记录每日、每周工作进度，依此制定相关措施，如劳动力补充资源和经费不足，向政府通报信息，请求人员、资金和对策支援，以保证项目按时完成。

（2）到村支持实行奖优罚劣政策。新村运动中，政府并未采用平均分配财政资金和物资的方式，而是以村为单位，每村免费平均发放 300 袋水泥用于村公共事业建设，根据一定时期的公共事业建设考评，将全国 3.5 万个村划分自立（最好）、自助（中等）、基础（最差）三级，第二年政府援助物质只分给自立和自助村，财政物资增长为 500 袋水泥和 1 吨钢筋。经过多年建设，积极参与的村发生显著变化，消极态度的村受政府奖励、扶持和援助刺激，以及其他成为自立、自助村的刺激，其热情受到激发，奋力直追。1978 年，全国绝大部分村都成为自立或自助村。

（3）注重村民监督的制度。为保障政府财政投入的资金和物资更有效地应用到农村建设，韩国政府采取"一竿子到底"的方法，即所有财力和物资以村为单位报领，政府各部门均不参与工程建设，政府只派一名公务员具体负责申领统计，并接受村民监督，将地方政府能否准确、及时无误地将中央分配的资金和物资下发到村作为考核公务员素质、晋升的依据。此外，村民代表可参与郡、区政府相关决策会议，并可约见市长、郡守①，当面提出问题和相关批评建议。

4. 强化基层领导干部和农民的培训

韩国政府认为，政策与方针的全面、长期和正确的贯彻和开展，需要成为全体国民的自觉行为，因此必须加强国民整体的素质，让国民提高勤勉、协助、自立的市民意识。1972 年，韩国政府利用财政资金建立中央研修院（1992 年更名为中央协议会新村运动中央研修院），主要以培训各阶层核心骨干人员和中坚农民为重点，通过集体培训、集中讨论、集中生活教育等各环节达到提高个人业务基本能力和思想素质的教育和培训目的，

---

①　韩国的行政划分为："道""市""郡""区""面""邑""洞""里""统"。其中，"道"相当于我国的省，"郡"相当于我国的县，"面"相当于我国的乡，"邑"相当于我国的镇，"洞"相当于我国城市的街道，"里"相当于我国农村的村，"统"相当于我国城市的里弄、胡同。因此，本书中的"市长"相当于我国的省长，"郡守"相当于我国县长。

如农民培训班、妇女指导班、新村指导员班、土地改良班、农村教育骨干人员班，培训内容主要为地区开发、经营与意识革新、青少年教育等内容，经过大规模培训，培训了一大批投身于推动新村运动发展的社会骨干。

同时，建立义务"志愿指导员"制度，为推进区域的共同发展和国民意识的自觉性，韩国政府推出自愿参与的志愿指导员制度，通过学生或工作者自荐，学校或单位引荐，无偿提供自己知识、能力，申请到农村地区开展具体项目服务。申请通过的志愿者，政府会无偿提供教育和培训，以及解决新村运动工作中的生活问题，但无工作报酬。

韩国的"新村运动"始于缓解城市与农村的较大贫富差距，政府通过积极引导农民参与、建立完善的资金项目管理制度、加强参与主体的教育培训等方式，有效完善了农村地区的公共基础设施，改善和提高了农业生产环境和农业生产水平，推动了农业产业化发展和农民的整体素质水平，有效缩小了城市与农村地区的贫富差距。

6.1.3　巴西财政支持经济带动扶贫

巴西是南美洲最大的发展中国家，也是西半球最大的发展中国家。按照美国经济学家萨缪尔森的说法，巴西并非是一个不发达的国家，而是其国内经济发展极不平衡。16 世纪初到 18 世纪末，巴西大量的林木资源被殖民者掠夺，国家独立后，国家经济命脉仍被帝国主义把控。二战后，巴西开始实施了发展模式计划，开始大规模地发展工业经济，而忽略了农业与工业经济的平衡发展，导致国内的贫富差距日益加大，贫困问题也逐渐突出。同时，巴西的贫困地区主要集中于东北部、西北部和亚马孙河流域，相比于地区交通便利、地势平坦、人口密集、水运发达的东南沿海地区，西北地区则地域面积较广，资源尚待开发，居民的生活水平普遍偏低；东北地区主要地形为高原，是巴西乃至南美洲最大的贫困群，人均生活水平极低，不足东南地区人均收入的1/3；中部地区为草原地区，巴西贫困程度最深的州——皮奥伊州就位于中部地区。

1. 财政与税收政策共同支持贫困地区发展

1967 年，为改善巴西整体的贫困情况，政府采取了优先发展部分地区贸易，形成联动、区域发展带动脱贫的"极"反贫困战略，即坚持区域发展不平衡的思想，选择、培育发展"极"区域，使之成为区域经济发展的推动力量，并通过辐射、传导力量引导区域经济发展。此战略下，政府选定了贫困程度最深的亚马孙河流域的玛瑙斯作为首个发展国家"极"反贫困的自由贸易区试点，该贸易区由中央政府投入大规模财政资金建设区内基础设施，由该地区的地方政府负责管理，贸易区内实行与区外差异化、分类的贸易、财政和税收政策，对主要用于巴西本地扩大再生产的进口产品免交进口税；对区内开展投资活动的企业享受多项政府财政补贴和税收优惠等政策。如企业选取在该贫困地区贸易区进行投资，政府会帮助推荐选定厂址，并给予一定的初期财政资金支持，此外，区内还享受各种减免所得税和优惠信贷利率的支持政策，如区内的产品销售地点均免交流通税、利润税、工业产品税，以及免交生产所需的进口设备、零件和配件税。1974 年左右，"玛瑙斯效益"不仅带动了亚马孙河流域贫困地区的经济发展，还促进了巴西国内其他贫困地区相继建立了规模不等的 17 个经济贸易区，区域经济发展的初步脉络逐步形成。玛瑙斯也发展成为著名的"黑金之都""南美水上加油站"，此后，至 20 世纪 80 年代，巴西 GDP 的年均增长率也一直保持 8% 的高速增长，贫困发生率年均下降近 7 个百分点，国民生产总值快速跃居世界的前十位。1990 年巴西地区在贸易区较为完善的基础上，在极反贫困策略下，开始大力发展农牧企业，逐渐成为世界重要的轻工业产品基地，有力推动了亚马孙河流域贫困地区的生产和经济发展。

2. 政府干预的国家管理监督体系

巴西地区为巩固极贫困战略成果，建立了一套以国家政府干预为主的国家管理监督体系，包括：内政部、四个跨州地区开发管理局（东北部、中西部、南部和北部）、经济特区管理局、专项开发工程处和开发公司，其中，内政部是政府主管的区域开发总负责机构，负责极贫困计划的政策和措施制定、其他下级部门的管理和监督；各级管理局按照内政部政策，指导贫困地区开展经济开发，引导贫困地区更好地开展极反贫困战略的实施，及时向上级报告实施情况，并联合财政部门引导私人部门向落后的地区和农业部门投资；专项开发工程处和开发公司具体提供专业化的开发项目的实施，并上报开展实施情况。四类机构的设定为巴西极贫困的区域性经济发展提供了坚实的国家机构保障体系（如图 6 - 2 所示）。

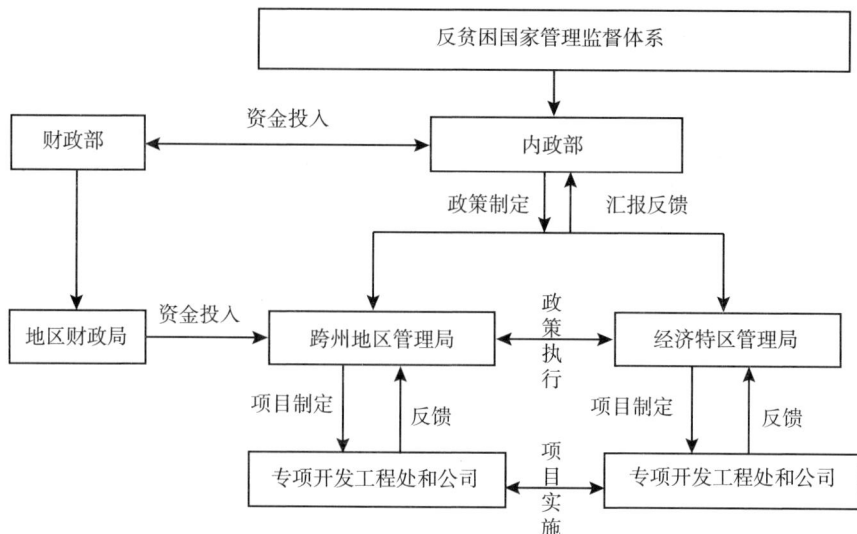

图 6 - 2　巴西反贫困国家管理监督体系示意

资料来源：根据郑秉文译《跨越中等收入陷阱：巴西的经验教训》，经济管理出版社 2013 年版内容汇总整理得来。

3. 多类型、多项目的配套财政反贫困措施

除区域化财政支持反贫困政策，针对贫困地区和非贫困地区的贫困人群，采取了一系列的财政支持的反贫困措施，具体如表 6 - 2 所示。各项计划措施涉及土地、交通等贫困地区基础设施的建设、贫困家庭兜底的最低收入保障计划、农业家庭发展农业的信贷计划、贫困人群致贫最突出的医疗服务等资金项目投入，以及包括零饥饿计划、免费提供教育培训物资、提供住房的财政投入物资输入计划，在极反贫困措施中，巴西政府并没有仅将所有的财政资金投入到反贫困的"极"地区，而是继续不断为其他地区扩充反贫困物资和输入资金资本，改善贫困地区的基础设施建设和服务，为尚未发展和不断扩大的极反贫困试点地区通过提供充实和完整的配套物资和资金予以支持反贫困工作的开展。

表 6 - 2　　　　　　　　巴西反贫困政策统计

项目	年份	项目内容
东北部农业现代化发展计划	1970	1. 土地分配计划：实施土地集中进行合理分配； 2. 大规模信贷计划：为购置土地、购买大型农机及物资提供信贷服务

项目	年份	项目内容
全国一体化规划	1972	全国大规模进行公共交通基础设施建设，尤其将贫困地区纳入交通运输网络
最低收入保障计划	1997	面向贫困家庭，由联邦和地方政府1∶1出资，对月收入不足规定工资一半的家庭或7～14岁在读儿童的家庭给予财政补贴
农村家庭农业计划	1999	为普通农户和贫困农户提供贷款，同时鼓励建立农民专业合作社，对其提供资金和技术支持
零饥饿计划	2003	为穷人每天提供1雷亚尔午餐的大众食堂
扫盲计划	2003	帮助贫困地区培养教师，并鼓励师资力量投向农村贫困地区及贫困地区免书费等政策
经济适用房计划	2003	为城市贫民窟和贫困户建立经济适用房和适用房
国家住房计划	2009	为中低收入家庭提供保障性住房
医疗保健计划	2006	改进贫困地区的卫生条件，建立医疗保健小组定期为贫困区开展医疗服务；艾滋、肺结核等疾病政府全额出资治疗

资料来源：根据贝尔：《巴西经济——增长与发展》，石油工业出版社2014年版的部分内容汇总整理。

6.1.4　孟加拉国财政支持优惠信贷扶贫

孟加拉国位于孟加拉湾，与印度接壤，属于亚热带季风气候，是全世界人口密度最高的人口大国；国内河道纵横密布，河运发达，具有丰富的矿藏资源如天然气、煤、钛、锆等，但雨季极易泛滥，常出现热带飓风，一旦出现自然灾害，将面临巨大的生产和生活损失，尤其对当地的农村居民，更是造成难以弥补的生产损失，因此，自然环境的恶劣因素致使孟加拉国成为世界最贫穷国家之一。20世纪70年代中期，孟加拉国开始了建立一个新国家的漫长征程。在长期的战争过后，1972年1月，孟加拉人民共和国成立，两年之后，洪水泛滥引发了大面积的饥荒，大量人员死亡。政府调查显示，超过80%的人口在1973～1974年期间生活在贫困中。作为农业大国，为缓解国内贫困，孟加拉国政府通过土地改革政策推进农业生产，但孟加拉国国内长期遭受殖民主义侵略，封建土地制度根深蒂固，大量土地掌握在富有的农户手中，造成巨大的贫富差距，长期的有利于富农的土地政策，很难帮助贫困农户摆脱贫困。

1. 政府支持下建立专门服务于贫困农户的银行

1976 年，经济学家穆罕默德·尤努斯在大饥荒的情况下，在乔布拉村做了一项重要实验：他将自己有限的资金无抵押地借贷给了能够从事手工艺生产的妇女，在一定期限内这些妇女有偿地归还了贷款。根据实验内容，尤努斯发现，对于大多数处于贫困的农户而言，他们有劳动能力，但苦于缺少资金购买一些生产材料，比如很多编织竹篮的妇女们，缺少编织竹篮所需的竹子和线等生产材料，一旦借贷给她们能满足购买材料的小额资金，她们通过自身劳动变卖劳动产品后即可归还所贷金额，同时还可获得一定的利润。因此，尤努斯总结了小额信贷的几个特点：一是穷人也有资金的需求；二是穷人并不能因为其贫困而被认为缺失信用；三是穷人借贷资金金额有限，从事劳动生产后有能力付息还本。经过以上试验后，尤努斯说服了孟加拉国中央银行建立分支机构，以更好地在乔布拉向贫困农户开展小额信贷项目；为扩大信贷规模，1979 年，尤努斯在孟加拉国中北部坦盖尔地区启动了格莱珉银行项目，该项目根据尤努斯的调研实际情况，对贫困农户发放无抵押、联保、商业利息的小额贷款；1982 年之后，格莱珉银行项目迅速扩张到1983 年的 50 家新机构，并正式更名为格莱珉银行（也称为孟加拉乡村银行），成为一个专门服务于贫困户的金融机构。

为促进贫困农户能及时且获得更多的贷款帮助其发展农业生产脱贫，孟加拉国政府向格莱珉银行提供了多项政策支持其发展以帮助贫困农户：一是向格莱珉银行提供贷款资金支持。政府以4% ~5% 低息向格莱珉银行提供贷款资金。二是税收政策支持，格莱珉银行是孟加拉国享受免税政策的金融机构。三是设立组织帮助，并鼓励国有商业银行向格莱珉银行提供信贷资金支持。孟加拉国政府为支持格莱珉银行的发展，成立了政府小额信贷组织和政府小额信贷项目，并鼓励国有商业银行联合格莱珉银行建立小额信贷项目。在政府的支持下，格莱珉银行在高峰时期信贷额年均增长率高达40% （如图 6 - 3 所示）。

2. 无抵押、多担保、商业利率的小额贷款

孟加拉国的小额信贷主要采取了无抵押、多担保、商业利息、按期还款的方式，不仅能促进贫困农户具有市场信贷意识，还能实现帮助贫困农户建立自我约束机制：一是采取无抵押方式有利于贫困农户在缺乏资金和物资抵押的情况下获得贷款。二是采用五人联保技术建立约束机制。贷款

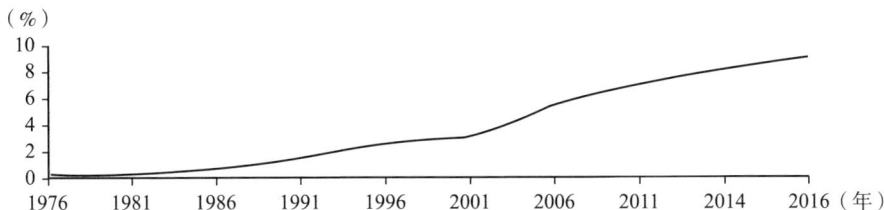

图6-3　1976~2016年格莱珉银行成员数增长趋势

资料来源：根据格莱珉银行网站和相关历史数据搜集、汇总整理得来，www. grameeninfo. org。

主体农户及贫困农户根据彼此间的邻里关系，自发组织五人联保小组，小组中的任何一人都可向格莱珉银行提供贷款申请，由格莱珉银行审议后对联保小组中的申请人发放贷款，在联保合同内，贷款的如期偿还才能使贷款机制循环持续；但如其中任一成员违约，其他同伴便不能获得贷款，这不仅促进了联保小组内部的激励偿还、帮助与监督机制的形成，也促使联保小组成立初期，自发选择与责任心强、有一定生产经营能力的合作伙伴组成联保小组，督促了贫困农户自觉提高自觉性和责任心。三是采取商业利率、按期归还的还款方式。一方面是为了保证金融机构自负盈亏下的财务可持续，另一方面也让贫困农户逐步培育建立自我发展的市场信贷意识，帮助贫困农户改变了政府财政贴息支持情况下的长期受帮扶心态。

6.2　典型国家扶贫资金投入与运行机制的借鉴与启示

美国、韩国、巴西和孟加拉国这四个国家面临的贫困状况有较大差异，扶贫资金的投入与运行机制上也存在不同。但对我国而言，各国反贫困的目标是一致的，都希望通过政府的主要资金力量或结合政府力量帮助贫困人口缓解和消除贫困。为促进我国农村财政扶贫资金投入与运行机制更为完善的发展，结合各国经验，总结出以下借鉴启示。

6.2.1　明确扶贫资金投入目标的需求，分类施策

四国在开展扶贫资金投入的过程中，都利用财政资金针对特定的扶贫目标采取了分类施策的反贫困方式。由于美国贫困划分不涉及城市与乡

村，因此通过社会保险和税收缴纳等搜集的信息方式建立了居民信息统计系统以统计贫困人口信息，根据统计情况，利用社会保障网络覆盖了以家庭为单位的贫困群体，对各类贫困群体采取针对性的财政扶贫资金帮扶分类措施。韩国、巴西和我国有类似城乡发展差距较大的历史和发展现状，韩国在提出"新村运动"之前，农村地区经济和社会发展均远远落后于城市，新村运动是针对韩国农村地区，采用农村脱贫和致力发展农村经济相结合的方式，资金投入以村为单位，引入激励和惩戒机制通过建立自立村和自助村，整村推进式的实现贫困村的基础设施建设，再通过农村人力资源的提高，实现农村地区的农业产业发展，进而促进贫困人口脱贫。巴西和我国同样面临地区间发展的极度不平衡，为缓解这种不平衡，巴西采用了极反贫困战略，通过发展一部分贫困地区带动其他贫困地区发展的措施，资金投入和政策优先政府设定发展的贫困地区建设自由贸易区，并逐步推广到多个贫困地区。

6.2.2　建立有法可依、高效的扶贫资金管理机制

法制社会中无规矩不成方圆，通过法律强制性的手段管理是国家高效完成工作的重要基础。各国的经验表明，贫困是阻碍社会整体进步的难题，需要通过规范立法建立完整的扶贫政策战略系统，形成一整套运行机制，才能实现脱贫工作的高效进行。"想一出做一出"的扶贫方式，虽能在短期内就事论事解决部分问题，但整体上不利于扶贫成果的扩散和政府工作的规范性。按照立法事前事后的时间顺序，各国管理机制的立法形式主要包含两种：事前立法和事后立法。事前立法主要是出台任一项鼓励改革政策或措施时，与配套的法律措施同时出台，韩国建立的人力资本教育和培训的法律法规系统亦是如此。事后立法主要是经过一系列的项目试行，不断完善条例，最后逐步实现立法的方式，美国在社会福利改善立法中采取了这种方式。此外，各国在开展反贫困战略过程中，均设立了针对开展的反贫困特有的政府管理部门和管理运行机制，各部门具有明确的职能分工和职责所在。以韩国新村运动为例，中央到地方的各层级均设立了具有分权职能、专职负责新村运动开展的工作部门，村级以上的部门主要负责传递新村运动开展情况和反馈或资金是否不足，并及时给予村级部门反馈；村级以下的专职部门因对帮扶地区更为了解，主要负责新村运动资金项目的管理与运用，以及发现和向上级反映现有政策的不足和资金的欠缺，通过按时或按周的层层意见传递，

有效地提高了项目资金的运行效率。

6.2.3　提高资金使用主体素质，促进实现自我脱贫

各国政府扶持贫困群体的过程中，均深刻意识到资金使用主体素质的提高对贫困人口脱贫具有的重要作用。美国政府财政资金投入的10%项目是用于了扶持贫困群体的教育和就业培训；韩国政府专门建立中央研修院，不仅对新村运动的相关政府人员提供教育培训，还对新村运动主要的贫困群体代表、带动扶贫作用较强的积极分子进行教育和培训，以达到引导各村贫困人口的作用，此外，还通过村集体内部开展协助、自立、勤勉等民主宣传教育，加强贫困人口建立自我发展脱贫的意识。在极反贫困战略下，巴西政府财政年均投资2亿美元建立覆盖98%的贫困家庭的东北贫困地区教育基金，帮助不发达地区培育师资力量，帮助贫困儿童入学，免费发放教科书，并启动远距离教学计划，通过卫星电视向偏远地区播放教学节目，从根本上解决贫困主体整体素质弱的问题。

6.2.4　政府政策引导社会力量积极参与合作扶贫

各国政府反贫困工作的开展，多数并非完全依赖于政府。一种是由于政府财政资金和人员规模的有限，促使政府寻求社会合作伙伴开展反贫困，如美国，多数反贫困工作是由政府奖励资助的NGO部门开展，根据NGO开展反贫困工作的效果和效率，政府将财政资金用于资助其发展，这种做法解决了"政府失灵"的可能性和政府人员不足的问题，也提高了社会专职部门参与反贫困工作的积极性，开创了政府、社会主体和贫困人群共赢的良好局面。另一种是国家的政治和市场环境需要更多的社会主体参与推进反贫困事业，如孟加拉国由于其特殊的殖民历史，导致政府的资金和政策支持一直处于有利于富农优于贫困农户的状态，为解决这一根深蒂固的问题，私人化市场性质的格莱珉银行产生，它专门产生于为贫困农户提供无抵押、联保和商业利率的小额贷款，以此改变了政府一直未解决的财政政策支持难以让贫困农户脱贫的状况，贫困农户通过专门服务于贫困的私人银行小额贷款，一方面满足了自身发展农业的资金需求，另一方面也通过联保、商业利率和按期偿还的市场模式逐步让贫困农户适应了无免费政府资金支持下的自我努力实现脱贫。

第7章

优化我国农村财政扶贫资金投入与运行机制的对策建议

7.1　实现扶贫资金投入目标与方向的精准化

7.1.1　制定层次化和差异化的投入目标识别标准

精准的贫困群体目标识别是财政扶贫资金实现精准投入的前提条件。目前，财政扶贫资金投入目标的确立标准主要是以收入为依据的扶贫标准。一直以来，我国确定扶贫资金投入的项目和标准采用的是国家统计局所制定的统一贫困标准，即低于贫困标准的群体和区域，均能享受到财政扶贫资金和项目的投入。但是，我国不同地区间环境和自然形态存在较大的差异，贫困状态也存在很大不同，更重要的是，贫困标准线的单一化造成了贫困线边缘农户所享有的资金政策福利千差万别，福利政策的不均等化导致了农户和贫困农户之间产生矛盾，不利于农村地区的稳定发展。2020年实现现有标准下农村贫困人口脱贫后，针对相对贫困人群，可制定动态化的资金投入目标的确定标准，即动态化的扶贫标准弥补资金目标确定的不精准。所谓动态化标准，主要包括三个方面：一是建立适度的扶贫标准。我国现阶段的贫困标准主要伴随物价水平的波动逐年发生变化，但贫困标准仅考虑到了尚未脱贫的农户，却忽视了已经脱贫但易返贫的农户。因此，对于适度的扶贫标准而言，除满足最低扶贫标准的贫困农户外，还应考虑刚脱贫可能会返贫的农户，针对这两类主体，制定最低扶贫标准和低收入人口的贫困标准。二是建立具有层次性的扶贫标准。贫困人口脱贫致富是分阶段的，需要一定的转换过程。对于较低层次的贫困农户而言，需要解决其基本的生存能力；而较高层次的贫困农户还要提高自我发展能力，逐步迈向致富。为保证在解决低层次贫困人口的前提下以免忽视第二层次的人群，应建立双重、物价水平动态的贫困标准。三是根据不同地区的差异化水平，制定分类型的动态贫困标准。一个贫困标准衡量不同地区的贫困人口的数量，势必会导致贫困人口数据统计的失真。以全国贫困基本标准为基础，根据不同地区的发展差异化程度制定分类型的贫困标准，为精准、客观地识别真实的农村贫困人口，使扶贫标准更具适应性、针对性，在此基础上，扶贫资金和项目的分配依据采用的差异化、层次性和适度的扶贫标准，有益于提高财政扶贫资金投入目标的精准识别和精准投入。

7.1.2 形成动态化和精准化的投入目标瞄准机制

第一，精准瞄准农村扶贫资金投入的多级最佳目标。实现财政扶贫资金效率的最大化依赖于帮扶对象的精准化，这就要求将财政扶贫资金应用到最贫困的地区、最贫困的农户和带动贫困农户脱贫的项目，也就是将目标锁定在现行的贫困县的县、乡、村三级组织的框架内，实现项目目标的精准化。（1）衔接乡村振兴战略建立以贫困乡为单位的扶贫瞄准点。我国一直以来主要以贫困县为单位，由省一级向县拨付资金，而县一级负责再将资金拨付到乡镇，多数的县一级主要负责的是初审、管理职责，而资金的拨付主要以项目为主，为缩短资金拨付周期，加快各县级开展审核报批的进程，实现资金直接到乡镇。另外贫困县也并非全县都处于贫困，贫困农户主要集中于一定规模的乡镇地区，因此以乡为扶贫基准单位，可缩小瞄准点，提高精确度，另一方面衔接乡村振兴战略，直接提高财政资金的使用效率。（2）以地理环境的一致性作为瞄准对象的前提条件。不同的地域与自然环境对于经济的发展有着不同的影响，但是，同一地区的地理因素具有极大的相似性，不同县之间邻近的乡镇自然环境状态很相似，甚至已融为一体。因此，政府对扶贫目标的确定可不限于以行政区的界限，可将地域、环境有较大融合的地区作为扶贫精准目标，在政策与扶贫资金的分配中作为扶贫重点和方向。（3）以人文环境一致的村为瞄准对象。自然村实际上是一个大的熟人圈，各家各户的情况都被邻里熟知和相对透明。

因此，以村为瞄准目标，有利于扶贫对象的确定更加客观、公平和合理，促使扶贫资金准确瞄准贫困对象。（4）加大扶贫资金的到户力度。资金项目带动贫困农户实现脱贫是检验扶贫资金精准化地最终目标，在今后的实践中，为确保资金精准化地实现贫困农户脱贫，还要求政府加大"脱贫计划到户、项目规划到户、资金落实到户"的精准措施，将扶贫资源安全、及时送到贫困农户手中，实现贫困农户早日脱贫。

第二，完善资金投入目标群体的进入、退出机制。财政扶贫资金投入的目标群体并非长期固定不变，无论是贫困县、贫困村还是贫困人口都是在一定的扶贫标准下实现最终"脱贫摘帽"。如若投入目标长期不变，势必会产生一系列的消极影响。因此，准确掌握贫困县、村、农户的贫困状况，需要建立动态化的扶贫对象的进入、退出机制。无论是乡镇、村和重点县，都应实现公平、完善的评价机制测评出的真正贫困人口和实时的脱贫成效。此外，每年还应对脱贫和返贫对象进行"赊账"和"入账"处理，加快建立贫困人口和资金项目动态监测网络，根据贫困人口的实际状况和资金项目帮扶情况，因地制宜采取针对性的脱贫措施，一方面解决贫困农户和贫困县"脱贫但不想摘帽"，又不努力实现自我脱贫和惰性问题，以及让还未进入扶持范围的贫困区域进入范围；另一方面解决政府受"感情因素"选择性进行资金项目分配的不公正和不合理的问题。为巩固重点村脱贫成果和防止返贫，建议中央和省级政府利用部分财政扶贫资金对退出的重点贫困村、贫困农户设立扶贫基金补助，确保贫困县、贫困户和仍处于贫困边缘的"已脱贫"低收入农户长期得到实惠，力求不返贫。

7.1.3　处理好与资金投入目标相关的几个关系

第一，实现贫困地区扶贫开发与农村最低生活保障制度的有效衔接。在贫困地区应普遍推行扶贫开发和农村最低生活保障（以下称"低保"）两项制度衔接，以财政扶贫资金项目投入的扶贫开发制度是针对有劳动能力的贫困农户所开展的扶贫行为，低保制度是针对无劳动能力、因病因残等所致的贫困人群的兜底政策，其他政策应在此基础上开展。因此，（1）应加强贫困识别工作，突出重点，差别对待，创新扶贫到户机制。两项制度的重要衔接，首先需设立统一有效的衔接方案，明确低保和扶贫开发的功能定位，实现有劳动能力的贫困人口通过教育扶贫、产业扶贫、转移就业、易地搬迁等财政扶贫资金支持下的扶贫开发措施实现脱贫，剩余年老体弱和因病因残等不具备劳动能力的人群通过稳定的低保等社会救助资金兜底脱贫。（2）建立扶贫标准和低保标准衔接的机制，现有的"一高一低"的扶贫标准和低保标准长远来看不利于两项制度的衔接，国家应在部分地区建立一致的标准试点逐步实现两项制度的充分衔接。（3）建立部门沟通协商机制，共享信息资源。加强扶贫开发与民政部门沟通，共同掌握贫困人口的贫困程度、自我发展能力等信息，探讨"共同识别"对象的帮扶措施，全面、有重点地利用财政资金推动扶贫工作的顺利开展。

第二，理顺产业扶贫带动贫困农户脱贫的关系，防止扶贫资金投入得过于"碎片化"。产业扶贫是带动贫困农户脱贫的重要手段之一，"精准扶贫"思想下，明确要求扶贫资金和项目到户的方式，有助于解决扶贫资金瞄准偏离问题，但扶贫资源过于"碎片化"地分散到贫困农户可能会造成稀释产业的集聚效应、削弱"集中力量办大事"的能力等问题。因此，为更好地推进产业扶贫工作，建议各地财政扶贫资金投入产业扶贫项目的过程中，因地制宜、分类施策，地方政府部门既要综合评估本地实际，充分利用本地的资源优势，形成有核心竞争力的产业，也要理顺产业发展过程中政府主体、公司（企业）、专业大户与普通贫困农户的利益关系，加强资金投入监督机制，引导资金项目利益的合理分配，不但要瞄准贫困农户的真正需求，还要发挥产业规模优势，鼓励带动贫困农户从资金项目中获益，逐步实现带动贫困农户脱贫致富的最终目标。

第三，发挥资金投入的规模充足和配套措施完善的重要作用。针对部分地区财政扶贫资金投入规模不足，且地方配套资金不足的问题，政府还应在逐步形成资金投入目标识别、瞄准精准的基础上，保证到达贫困地区的项目资金的及时足额到位，让贫困地区轻装上阵；同时继续一方面对于"竞争性项目"落实部分扶贫资金项目不再要求贫困地区县级资金配套；另一方面全面加快实现扶贫资金项目的审批权下放到县的政策措施，解决部分贫困地区财政扶贫资金投入规模不足、贫困地区项目难以瞄准贫困县、贫困村、贫困户而导致的效率低问题。

7.2 建立激励与约束并重的资金管理分配体系

一直以来，我国农村财政扶贫资金投入效率偏低且效果不明显的主要原因之一在于政府既是资金的提供者又是资金的使用者的双重矛盾身份，资金投入、分配、管理、监督等一系列的行为都由政府自行决定、开展，缺乏一定的监督和管理。因此，在农村财政扶贫资金项目应用中，部分急功近利的贫困地区改变财政扶贫资金的性质和用途，将扶贫资金应用到了非扶贫项目中，目的是提高政府部门当期的政府业绩。为改变不良倾向，政府除加强互相的管理监督外，还应进一步完善资金管理分配体系。

7.2.1 加快建立财政扶贫资金的法律管理机制

发达国家的经验表明，资金有效和高效的使用须建立在立法的基础之上。近年来，中央和地方出台了多项扶贫开发政策，对扶贫开发工作的开展起到了重要的指导和引导作用。但是，我国扶贫工作开展近 40 年，部分扶贫资金在分配制度上仍存在随意性和模糊性，一般性的行政文件缺乏法律性的制度规范和约束，导致贫困地区的基本权益难以获得长期、稳定的法律保证。我国作为社会主义市场经济国家，必须建立法制经济，才能保证经济的稳定、可持续发展。而随着扶贫工作的进一步开展，无论是政府为主导还是鼓励社会力量参与，均需要一定的法律机制为保障。财政扶贫资金作为稀缺性资源，如缺少了相应的法律保障，势必会让善于"钻制度空子"的行为破坏了扶贫资金本应形成的良好循环，弱化了资金使用的效果。因此，政府应逐步着手建立国家扶贫法，该法应明确对贫困的界定，对反贫困机构和组织的行为、职责和功能的规定，明确规范贫困主体、客体的权利和义务，确立各项扶贫资金的筹集、使用、管理、监督的具体单位和部门，以及制定违反法律规定的惩戒措施。通过反贫困法的建立，以充分保障扶贫资金的合理运用和应用，保证贫困主体、客体的合法权益，以明确资金的来源、使用方向，规范各项扶贫机构、组织的运作和管理，为实现扶贫工作的顺利开展，奠定法律基础。

7.2.2 完善财政扶贫资金整合的统筹协调机制

第一，建立中央牵头、地方相配套的资金整合统筹协调机制。财政扶贫资金整合牵涉部门众多，协调处理的问题和矛盾复杂，仅靠财政部单一部门牵头或省、县级整合难以取得突破性进展。资金的整合像是"粘碎纸"过程，中央层面将资金分散各部门的过程犹如"撕碎纸"，要求地方层面重新拼好"碎纸"，难度可想而知。因此，由国务院牵头建立中央一级的财政扶贫资金整合统筹协调机制是十分有必要的，这样才可突破各部门之间的利益阻隔，发挥财政扶贫资金统筹安排协调的同时，加强财政部门与其他扶贫资金管理部门的协调配合，不仅可妥善处理资金整合与财政改革发展关系，还可促进农口部门职能关系的转变。在中央一级，应加强建立健全统一的基础数据信息系统建设，保证政府各层级的财政扶贫资金投入与项目实施情况等信息的畅通。中央一级的基础上，督促省、县级建立相应的统筹协调机制，清晰界定各资金管理部门的整合职责，追究不力的行为人责任；对整合能力不足的地区，加强其对整合试点地区的经验学习总结和借鉴，并结合本地实践，中央督促地方政府出台切实可行的资金整合操作办法，鼓励地方政府实现对扶贫资金的"敢整合、能整合"。

第二，对中央与地方、地方各级政府间扶贫事权和支出责任进行明确划分；从预算编制和控制专项入手，实现财政扶贫资金的源头整合。为更好地实现中央与地方政府的扶贫合作，考虑建立"清单式"事权划分机制，明确中央与地方各级间的事权和支出责任，以清单方式促进各级政府扶贫事权明了，中央、省级要保证事权责任较大的贫困县一级具备相应财力，通过清理各部门的财政扶贫责任，才能从源头解决财政扶贫资金管理来源分散、用途重复的现状。此外，在此基础上，还应改进预算管理机制，从中央层面入手整合财政扶贫资金预算编制环节的资金项目，并将多层面、多渠道的财政扶贫资金纳入省级和县级资金整合的范围之中，加强县级严格管控设立新的扶贫专项资金和清理过期、用途不规范的专项资金，报批省级政府，以充分发挥省级政府、县级政府的管理优势。不仅如此，加快下放给予基层更多自主权的县级政府资金项目审批权，对于审批权已实现下放的县级政府，还要及时清理与现实不符的扶贫资金使用管理制度，保证各项制度的有效衔接，以消除彼此矛盾抵触和交叉重叠，为整合财政扶贫资金提供制度保障。

7.2.3　完善资金管理、分配的激励与约束机制

财政扶贫资金管理的激励与约束机制有利于增强扶贫干部的责任心和紧迫感，能够调动财政扶贫资金管理主体的积极性和主动性，能够提高财政扶贫资金的运行效率。完善的激励和约束机制主要包括以下几个方面：

一是创建完善的资金项目管理共享平台。目的是确保共享平台具有扶贫信息和资金扶贫项目的发布、上报、查询和更新，保证各项信息能够及

时公开和更新，以便精准扶贫信息和资金项目信息的管理、考核的全过程能公开、公平地接受社会监督。完善的信息共享平台为扶贫对象的识别、扶贫项目的确定、扶贫资金的使用和扶贫绩效的考核能够在阳光下操作保驾护航，也有利于各部门自身减少重复性工作和资金用途重复交叉的情况。

二是加强建设客观公正、科学可行的资金管理和分配激励与约束机制。可采用将具有财政扶贫资金管理权的部门实现的扶贫成效与当地党政干部的工作绩效相结合的考评方法，以调动干部开展扶贫工作的积极性和提高资金精准使用的约束性。具体途径包括：（1）继续推行脱贫成效与个人工作绩效相挂钩的考评办法，明确扶贫是贫困县、乡政府的主要职责之一，在考核指标中具有较高权重，但不宜一票否决；此外，建立独立于地方政府的统计系统和抽样调查队伍，以及独立的评价机制，评估的结果与主要责任人提升相联系。这不仅有利于鼓励干部将服务重心转移至贫困重点村；也有利于约束党政干部必须积极到贫困乡镇了解贫困农户的具体需求，根据其需求制订符合政策的扶贫资金项目分配方案，以促进扶贫资金投入目标的瞄准度和提高资金的使用效率。（2）加快建立以扶贫产出效果为导向的财政扶贫资金分配机制。2017年，财政部联合国务院扶贫办等部门下发的《中央财政专项扶贫资金管理办法》强调了中央财政专项扶贫资金以贫困人口规模、贫困程度下降和扶贫产出效果为主的因素分配方法，但目前采用的财政扶贫资金分配因素仍主要为贫困人口规模和贫困下降程度，这种简单的分配因素方式并非能评判出贫困人口的脱贫是否完全归于财政扶贫资金的投入，不利于评估财政扶贫资金的扶贫作用，因此还需鼓励中央和地方政府尽快推广以扶贫产出效果为导向的资金分配机制，这实际有利于将资金的分配因素从投入角度转向产出角度考虑，将贫困地区农业产出的多寡、贫困农户因生产而收入水平提高的幅度作为财政扶贫资金分配的考核标准，更有利于明确财政扶贫资金的投入力度产生脱贫效果的程度，以此提高资金的使用效率和脱贫能力，保证资金的公平与合理分配。（3）建立资金合理分配的地方评价指标体系。此外，建立以地方扶贫产出效果为导向的扶贫资金分配机制需依托一定的评判指标，各省级政府可因地制宜地建立扶贫效益指标、项目实施程度指标、资金应用率效果指标等一套动态调整的评价指标体系，实现科学的评价分配体系。

三是积极开展扶贫资金和项目的奖励配套措施。加强对开展各扶贫资金和项目政策完善、贫困农户脱贫积极性高、项目瞄准贫困农户的省份，通过集中力量办大事等方式在专项扶贫分配方面给予财政扶贫资金的倾斜支持，鼓励贫困县、贫困村各级政府将扶贫资金投入的项目做实、做好，满足贫困人口的真正需求。

7.3　设立财政扶贫资金的使用利益连接机制

现阶段，财政扶贫资金和项目使用需要解决的最根本的问题，是资金和项目无法让更多贫困农户参与，多数资金项目产生的利益被无形转移给富裕人群，如何让贫困人口从产业项目获益，如何激励"富裕人群"带动贫困人群？现实表明，产业化组织扶贫方式是实现农业产业化发展的基础，与对地方产业和市场考究不足，由政府单方面引导财政扶贫资金投入地方生产项目无法精准扶贫的方式相比，龙头企业、农业专业合作社为主的新型农业经营主体，在贫困人口技术、知识等能力有限，市场认知和经验不足的情况下，能够缓解政府立足产业市场的引导不足，有效带动贫困人口脱贫增收。2017 年，《财政部　农业部　国务院扶贫办关于做好财政支农资金支持资产收益扶贫工作的通知》下发，提出了为更好地平衡财政资金项目实现贫困人口受益，可选择设立资产收益式的利益连接机制，即通过财政资金对产业化组织方式的引导支持，让贫困农户从产业化发展中实际获益的方式，但是，现有文件并未明确财政扶贫资金如何具体支持引导资产收益的方式，本书从合同、合作社、资产收益扶贫三个方面出发，结合文件精神，提出了针对不同层次的贫困农户切实获得产业化项目福利，实现贫困人口脱贫的具体财政扶贫资金使用的利益连接方式。

7.3.1　普遍推广合同方式的利益连接方式

合同方式的利益连接是产业化组织内部的各利益主体根据合同条款享受其权利并承担相应义务的利益连接方式，其实质为价格形成机制，主要应用于龙头企业带动贫困农户的产业组织中，是目前贫困地区开展较为普遍的利益连接方式。

目前常见的合同方式主要包括三种价格机制：第一种是准价格机制，是指龙头企业随行就市，完全按照市场的平等关系，以市场价格或者稍微高于市场的价格向贫困农户收购，这种机制稳定性较差，带动作用较小。

第二种是合同保证价格，是指龙头企业一般按照"预测成本＋最低利润"方式，或者近几年市场平均价格的方式确定收购价格，这种方式下收购的产品来源和质量的确定性相对稳定，龙头企业承担了贫困农户的部分市场风险。第三种是市场保护价格，即龙头企业和贫困农户设定一个市场保护价格，当市场价格低于保护价时，按照保护价格收购；当市场价格高于保护价格时，按市场价格收购，对于龙头企业而言，这种机制具有很大的风险，但对贫困农户而言却有很强的保护作用。

合同方式的价格机制对生产资料不足、缺乏启动资金、风险应对能力较弱的贫困农户而言，是带动参与产业发展的有效途径之一。帮扶方式采取：（1）龙头企业通过无偿或抵偿方式提供生产资料、技术、信息等服务项目，或垫付资金、赊销、统一贷款等资金扶持方式，帮助降低贫困农户生产的成本和风险。（2）龙头企业将部分加工、流通环节的利润返还贫困农户或用于农地建设，调动贫困农户生产积极性，帮助其增加生产收入。

对于引导贫困农户实现生产的龙头企业积极带动脱贫，地方政府可将扶贫资金项目向带动农户脱贫的龙头企业转移，按照价格机制的差异化，分类、分层次地引导龙头企业更好地服务贫困农户，如根据带动贫困农户的数量、脱贫数量、脱贫的稳定性、带动贫困村的发展程度等因素，有条件地转移扶贫资金项目，并根据扶贫资金项目实施的情况给予奖励，以此激励更多龙头企业通过合同方式带动贫困农户和贫困村脱贫。此外，为减少贫困农户和龙头企业不必要的资金风险，政府可将财政扶贫资金、金融机构资金、龙头企业自有资金联合设立风险补偿基金，一旦贫困农户在种植、养殖等农业生产环节遭遇洪涝、干旱、台风等自然灾害或疾病等不可抗力而受到损失发生亏损，可从基金中提取补贴，以保证贫困农户不受风险损失而加重贫困程度，也以此增加了贫困农户的风险应对能力。

7.3.2　逐步鼓励合作社式的利益连接方式

合作社式的利益连接，是指贫困农户和普通农户在自愿原则下，通过组建合作社或互助社的方式联合参与市场竞争的利益连接方式，这种方式弥补了单一贫困农户自身能力不足、技术不够的缺点，通过自愿成员的组建，实现农户在资金、技术和服务之间的协作。实际运作中，合作社主要承担两项责任，一是为合作社各成员提供统一服务，包括统一技术培训和应用、统一生产资料购买、统一储存和运输、统一加工与销售；二是承担中介责任，对接下游收购的农业企业和市场，签订产销合同，内部也起到对贫困农户的督促和监督合同农产品保证产品质量、数量和规格的作用。

合作社式的方式一方面将村级生产精英吸纳，发挥合作社规模经济和资源聚集效应的综合优势，从而获得更高的协商谈判能力；另一方面通过社内精英成员快速捕获有利信息，包括财政补贴、税收优惠、金融服务、农业技术等信息，进而让贫困农户了解实际政策和技术福利。合作社形式的利益连接机制将贫困农户和合作社捆绑在一起，将会充分调动贫困农户参与产业发展的积极性和持久性，使其不断获得提升，逐渐获得自我发展能力。

这种机制下，政府可采用财政扶贫资金项目支持的形式，严格审查并按照社内贫困农户的数量和职能作为财政扶贫资金是否注入设立合作社或支持合作社生产，或以合作社的方式集中利用财政扶贫资金引入先进农业科学技术或市场知识教育，集中帮助、引导贫困农户根据自身或合作社需求参与扶贫项目获得扶贫资金。另一方面也可利用贫困农户具有的低息或财政低息的小额信贷优势，引导贫困农户将小额信贷项目资金以股份的形式注入合作社，作为股东和员工，获得相应的工资分配、利润分配和股份分红，帮助脱贫。

7.3.3 大力发展资产收益的利益连接方式

资产收益利益连接机制本质上仍属于合作制或股份合作制，其特点在于农户入股的资产来源和类型相比于合作社或股份合作制更为具体化，即将财政扶贫资金、承包土地经营权和部分农村集体资产量化等作为贫困农户在新型农业经营主体经营中的股份，使贫困农户享受分红、就业、技术指导、产品回购等多种收益，因此，原则上农户具有较强的入股意愿，但对于丧失劳动能力和非丧失劳动能力的贫困农户而言，家庭经济收入来源无非限于社会保障的低保收入、农业经营、外出务工和部分土地转让收入，相比于合作或入股的资金额度，可支配资金收入仍十分缺乏，势必会被新型农业经营主体排斥在外。而对是否具备劳动能力的贫困农户而言，实际上会无形"获得"一定的财政扶贫资金，如资金"获得"以项目的形式分配到各个贫困县，或贫困农户贷款时会获得贴息，或农业生产时获得补助等。总体而言，政府赋予了贫困农户获得财政扶贫资金的权利，但尚未对享有资金的权利是否实现转化给予评估。为实现将贫困农户"拥有”的财政扶贫资金转化为自身实际、长期稳定收益，结合目前各地做法，可将贫困农户自身无法实际获得的财政扶贫资金或项目，以贫困农户个体的形式转化投入到带动其发展的特色小镇建设、设施农业、光伏、水电、旅游等项目中，项目收益以折股量化给贫困农户，逐渐形成资金的循环获得机制，再直接入股龙头企业、农民专业合作社等新型农业经营主体获取利润和分红；而对于带动主体单位，政府依据情况给予一定的财税优惠政策支持（如表 7 - 1 所示）。

7.4　完善财政扶贫资金绩效评价体系的建设

2017 年 9 月 30 日实施的《财政专项扶贫资金绩效评价办法》弥补了近年来随着扶贫形式的变化而产生绩效评价体系不够健全的问题，为更好地实现现有标准下“2020 年农村贫困人口的全部脱贫”和解决 2020 年后新形势下可能存在的相对贫困问题，作为引导财政扶贫资金投入与运行内部机制的重要联系环节，还需不断加快完善分级实施管理下的财政扶贫资金绩效评价体系建设。

7.4.1　加强财政扶贫资金绩效评价的目标管理

为规范和加强农村财政扶贫资金的管理体制，提高财政扶贫资金的使用效率，需不断加强财政扶贫资金的考核目标管理。目标决定了考核的方向，为实现“2020 年农村贫困人口全部脱贫”的国家脱贫目标，在中央“突出脱贫成效，强化监督管理，保证财政专项扶贫资金管理使用的安全性、规范性和有效性”的资金绩效评价整体目标下，省级政府以下的各级政府还要因地制宜、差异化对地方财政资金的绩效考核进行目标设定，不断完善资金评价的考核要求。总体而言，财政扶贫资金的绩效考核目标应遵循：保障财政扶贫资金的公平、合理运用，确保扶贫资金的安全使用、规范管理和有效推进实现脱贫，并鼓励脱贫先进主体，鞭策后进主体的脱贫步伐。此外，还应加快东部地区如浙江、江苏、安徽、山东等较为发达地区和贫困地区非贫困县的财政专项扶贫资金的绩效评价目标管理的试点工作，率先探索积累经验，为 2020 年贫困地区实现脱贫攻坚后的绩效评价体系目标管理的完善奠定基础。

财政扶贫资金的使用利益连接方式汇总

表 7—1

利益连接方式	带动主体作用	贫困农户作用	适用贫困农户主体	农户资金分配	建议财政扶贫资金支持方式	建议政府配套支持方式
合同方式（龙头企业）	①无偿或抵偿方式提供生产资料、技术、信息等服务项目；②垫付资金、统一赊销、统一贷款等资金扶持	提供劳动力参与生产；部分向带动主体流转生产土地	具有劳动能力的贫困农户	产品加工等就业工资，部分产品流通利润	按照带动贫困农户脱贫情况：①向带动贫困农户脱贫的龙头企业转移部分财政扶贫资金项目；②联合当地方政府建立风险分担或补偿机制；③给予龙头企业项目部分贷款贴息	①完善土地流转制度；②税收优惠鼓励金融机构向带动作用的龙头企业贷款；③建立联合风险分担补偿基金、减少风险造成的不必要金融机构带动企业损失
合作社方式（合作社）	①为成员提供统一技术培训和应用，生产资料购买、储存和运输，加工与销售，对接下游收购的农业企业和市场，签订产销合同	以政府支持的扶贫项目或资金入股合作社；部分参与合作社生产；部分流转土地入社	具有劳动能力、愿意承担部分风险的贫困农户	社内成员分利分红；个人提供劳务生产所获工资	①按照社内贫困农户的数量、作用将财政扶贫资金注入设立合作社或合作社发展生产；②给予合作社农业技术、市场等相关培训指导补助；③初期财政为主建立财政风险分担或补偿机制；④给予部分信贷贴息	①税收优惠提供贷款合作社提供小额融机构鼓励贫困农户将信贷资金以股份的形式注入合作社
资产收益方式（龙头企业、合作社等新型农业经营主体以及非农生产企业）	本质上仍属于合作制但合作的项目包括了除农业生产在内的更多产业，如旅游、光扶等	将政府财政扶贫资金、承包土地经营权和部分农村集体资产量化作为农户在产业主体中的股份	包括无劳动能力的所有贫困农户	分红、就业、技术指导、产品回购	按照带动脱贫程度：①给予部分财政扶贫资金项目向贫困农户的企业转移；②建立财政资金（占比最高），金融机构、企业共分担设立风险补偿，分担基金；③给予部分贷款贴息	①完善地方土地流转制度；②税收优惠鼓励企业带动贫困农户向金融机构；③税收优惠鼓励金融机构向带动贫困农户的企业提供贷款

7.4.2 明确财政扶贫资金绩效评价的原则

为确保不同层级的财政扶贫资金的效率化、合理化和规范化使用，目前在遵循总体原则的基础上，还应明确财政扶贫资金绩效评价体系的基本原则，为地方充分发挥其建立分级财政扶贫资金绩效评价标准的职能提供政策依据：一是保证资金聚焦精准、突出成效。其中聚焦精准是指财政扶贫资金项目要保证瞄准到建档立卡的贫困人口、贫困村和贫困县，突出成效是指财政扶贫资金项目的实施要实现贫困人口的长效、稳定减贫和自身的可持续发展。二是资金分配和拨付的科学规范、公正客观、公开透明。其中科学规范是绩效考核标准编制要在符合科学的设计机制和规范的程序、规则机制的基础上建立和完善，并确保编制的可行性和可操作性；公正客观是指保证考核标准的一致性，不论考核对象是谁，都应一视同仁，按原则行事；公开透明是指除资金在分配、拨付和支出使用等方面的公开透明外，还应面向社会各界公开财政扶贫资金的考核主体和客体、标准、过程、结果等一系列环节，以确保信息的真实性和公开性，同时还应接受社会各界和群众的监督。三是分级分类实施，权责相统一的原则，在建立考核标准基本原则的基础上，为实现不同政府层级财政资金投入与运行机制的精确化绩效评价，应在实践中的资金分配、管理和使用中建立相应的责任承担机制，以避免纠责与现实不匹配的现象。四是强化监督，适当奖励的原则，建立将扶贫效果与干部的绩效相挂钩的考核机制，可引入半市场化的绩效考评机制，对于考核标准靠前的集体，除增加下一轮财政扶贫资金的分配，还应提高相应工作经费比例，对成绩优异的集体或个人给予物质和精神奖励。对于绩效靠后的集体，延长单位相关责任任用提拔和重用，将扶贫资金的使用效果与干部的考评机制紧密结合，加强管理，以提高资金使用效率和贫困地区的脱贫。

7.4.3 完善财政扶贫资金绩效评价的内容与指标

目前，问题导向型的财政扶贫资金的资金考核标准基本较为完善，但还存在着未能反映资金使用能否实现可持续脱贫、防止返贫等作用的评价措施，即评价的指标还存在明显的以加快短期内脱贫绩效的资金评价迹象，因此可能会引起地方为提高财政扶贫资金绩效水平短期内"盲目化"

地增加扶贫项目，不利于财政扶贫资金长效脱贫机制的建立。因此，要保证财政扶贫资金的科学、合理和有效的使用，还应不断适时调整和完善硬性、隐形指标同时存在的指标内容体系，即根据不同扶贫阶段，适时调整细化资金考核的指标依据，不仅包括贫困人口减少的进度、返贫人口的增加进度、扶贫资金的到位进度、扶贫项目实施开展的情况、各项扶贫资金的到位和落实情况、资金的具体用途状况、项目的实施完成和考核情况等硬性指标，还应在绩效评价指标中体现出扶贫项目中贫困农户自我发展能力的提高水平，以及贫困农户真正参与项目的真实性和发挥的作用，并细化纳入省级以下的地方财政资金绩效评价的内容中。此外，省级及以下政府的绩效评价指标体系还应做到因地制宜，遵循可比性、可操作性、全面性的原则；为防止发生因环境差异较大的贫困县有攀比思想而故意夸大项目实施效果、开发资源消耗型扶贫项目等情况，还需不断加快对信息公开和公共公示制度的建设和具体执行。因此，在遵循中央设立的财政专项扶贫资金绩效评价指标体系的基础上，中央政府部门还需督促省级部门尽快制定符合各地实践、因地制宜、完善"精准使用"方面的地方财政扶贫资金绩效评价指标体系，提前防范可能因地方绩效评价体系的"一刀切"政策而造成的贫困县之间不公平问题的产生。

7.4.4　加强对财政扶贫资金的审计监督

健全严格的监督体系，发挥审计部门的监督作用，是加强扶贫资金管理和完善扶贫工作的重要手段。一是加强各级审计部门事前和事后的双重审计监督。对主要以事后跟踪为主的扶贫资金审计监督机制，应逐步加大建立事前监督体系，及时发现资金投入中的不合理倾向，对无经济效益或经济效益较低的项目，以及设备难以满足的项目加以制止，避免盲目投放。二是审计部门应对财政扶贫资金使用的财务报表进行严格审计，还应定期审查相关扶贫资金投入项目的分配方案、投放计划和使用过程中的动态及成效，形成严格制度。三是审计部门还应主动参与听取扶贫资金和项目所涉部门的情况汇报，主动参加研究资金使用方面的会议，搜集相关情况的一手资料，以便综合分析研究，同时挑选具有代表性的项目和单位开展审计调查，以便确定重点抽查的扶贫项目。四是对扶贫资金项目中所涉金额较大、用途明显、普遍性和时限较强的项目，要进行专项审计。如果项目所涉面较广、难度大，要建立以政府牵头、审计为主，有关主管部门参加，进行联审。建立科学的项目效益传递系统，以保证扶贫资金和项目资源在运行中不被截留和转移，而是直接抵达贫困农户，以防止部分主体既为扶贫资源的分配者和管理者，又成为扶贫资源的受益者。通过强有力的审计程序，逐步制定严格的扶贫资源管理办法，规范扶贫资金和项目的流通方式和渠道，明确各个环节的扶贫管理者和分配者开展的原则和方法，克服地方政府及基层组织在扶贫资金和项目管理上的随意性。

7.5 完善多元化、共赢的社会力量参与扶贫

7.5.1 明确政府与市场在扶贫工作的功能定位

政府作为农村扶贫工作的主要倡导者和资金提供的主要推动者，还应逐步调整自身角色，做到有所为，有所不为。对于社会力量可参与并能较好开展扶贫工作的领域，政府应鼓励、推动社会力量开发参与，而不是过强干预妨碍了市场机制的形成。在我国不断完善的社会主义市场机制的过程中，政府应逐步从扶贫工作的主导地位变为引导社会主体和市场主体重点参与的角色转换。对于政府自身管理弱或无法管理的事项充分放权，让社会力量通过市场机制管理，实现对社会资源的有效配置，而政府的职能也应更加向制定引导专项政策、舆论宣传鼓励、统一协调发展、立法监督惩处等功能和方向发展；通过科学合理界定扶贫对象，制定扶贫工作规划、出台保障性法律措施为制度基础，利用财政资金组织，鼓励和引导社会资本进入扶贫领域。

扶贫初期，我国贫困地区的公共基础设施主要由政府为主的财政扶贫资金投入开发，为中后期逐步引导社会资本进入贫困地区基础设施领域，逐步挖掘社会资本支持贫困地区的公共服务市场奠定基础。目前，为更进一步引入市场化的扶贫方式，促进政府与社会力量的合作交流，首先，政府应向各类扶贫主体参与扶贫工作提供搭建一个良好、互助的操作平台，并对提供各类扶贫资本、资源进入贫困地区的社会主体给予一定财税优惠政策支持，为各类主体进入扶贫领域提供优越的政策环境，以充分引导市场化主体发挥优化资源配置的重要作用。其次，为保证财政扶贫资金和社会资本的公正、合理应用，应逐步引入市场激励、竞争和约束机制，让更

多的贫困农户了解市场，以推动自我发展能力为脱贫目标前提，逐步建立具有长效、稳定社会效益和经济效益的脱贫机制。再次，鼓励社会主体资金投向贫困人口提供培训、就业指导，设立就业岗位，引导有文化、懂市场的新型农业经营主体发展农业生产，就地带动贫困农户脱贫。最后，对于贫困程度深、难以开展市场行为实现脱贫的地区，政府还应加大社会保障的扶持力度，利用财政资金提供必要和基本的生活保障，确保贫困地区的基本生存需要。

7.5.2　充分调动市场化的扶贫模式发挥作用

第一，运用政府购买服务发挥市场主体作用。随着国家开展精准扶贫工作以来，扶贫对象的识别工作的技术问题、财政扶贫资金成本问题导致边际效益递减、资金渗漏现象，如何充分发挥财政扶贫资金的精准扶贫作用，成为当前扶贫机制创新和政府管理模式创新的重要挑战。对此，2014年，财政部印发了《政府购买服务管理办法（暂行）》明确提出应通过发挥市场作用，将政府职能交予社会、市场力量执行，并规定了社会救济、扶贫济困、防灾救灾领域适宜由社会力量承担的服务事项，由有能力的第三方参与精准扶贫的工作中可以更高效率、更低成本和更公平实现扶贫。因此，各级政府应逐渐将自身职能难以实现、市场可高效实现的贫困地区公共服务，以政府购买服务的方式交由市场、社会主体提供；并对提供效率较高和产出效果较好的市场、社会机构给予资金资助支持。

第二，利用财政政策和税收政策撬动市场化的金融资本扶贫。财政资金从收入角度而言，具有有限性，而农村金融的发展是弥补贫困地区资金有限和不足的资金来源渠道。为促进贫困地区的农村金融发展，一是要逐步推广贫困地区发展村级互助资金合作社，建立贫困村自有资金与市场机制相结合的财政贴息小额信贷和扶贫贷款制度。二是财税政策鼓励和促进更多的金融机构参与扶贫。政府重点鼓励金融机构在市场企业经营的基础上，树立正确的义利观，平衡追求商业利益和履行社会责任的关系，积极为贫困地区和贫困农户发挥互助的社会责任；此外，政府一方也应关注金融机构财务的可持续性，建议政府利用财政扶贫资金与金融机构共同设立风险分担和补偿基金，弥补农业生产风险大造成的损失而可能导致贫困农户无法偿还信贷资金的风险，从而减少金融机构的坏账损失，措施上保障金融机构的可持续性贷款；此外，还需继续加大对给予贫困地区和贫困农户贷款的金融机构税收优惠政策支持，引导金融机构从内部授权、绩效考核和资源配置等方面对贫困地区的信贷资金倾斜，加大对贫困地区的金融资源投入。三是积极引进外资参与扶贫，鼓励城市工商资本参与贫困地区的扶贫开发，大力发展农村经济合作组织，探索建立新投资模式，解决扶贫资金投入不足的问题。四是充分利用贫困地区尚未开发的生态环境优势，建立健全生态补偿机制，探索通过市场机制和财政政策将资源环境优势转变为扶贫投入稳定来源的有效途径。

第三，逐步完善市场机制，发挥贫困农户主体能动性。将财政扶贫资金的使用逐渐向引导市场化手段扶贫的方向转变，逐步提高贫困农户和贫困地区的竞争和风险意识，让其意识到资金的获得存在一定的使用成本，具有劳动能力的贫困农户必须通过自身能力的发展才可获得资金脱贫。（1）鼓励贫困农户申请市场信贷资本，通过自我生产脱贫。政府应大力宣传鼓舞贫困农户树立脱贫的决心和信心，让贫困农户意识到自我脱贫的决定因素是自己，财政资金的带动只能满足最基本的生存需要，致富的实现需要贫困农户适应市场资金的使用。同时，政府应鼓励市场、社会主体尊重贫困农户的人格、意见和选择，以提高贫困农户的自信并自愿加入脱贫致富的队伍中。（2）扩大市场主体就业带动脱贫。我国的财政扶贫资金的投入和政策支持往往仅限于贫困农户，而忽视了政策支持农村地区新型农业经营主体发展农业生产的带动作用。除贫困农户入股新型农业经营主体的模式外，政府对于已经较为成熟且意愿较大帮助贫困农户的农业经营主体，可提供与贫困农户差异化信贷、财政贴息政策鼓励这些主体扩大再生产，带动周边贫困农户发展。（3）帮助贫困农户适应市场机制。长期以来，贫困地区由于地理位置偏僻，交通设施不完善，导致贫困地区未能引入市场机制，造成贫困农户市场意识薄弱，处于市场化边缘状态。一旦引入市场的竞争机制和风险机制，贫困农户势必会产生不适甚至难以接受；作为政府而言，可开展相应培训班积极引导农户逐步接受市场的引入，培养其具备一定的市场行为意识和风险承受意识。同时，积极调动贫困农户参与市场的积极性、能动性和创造性，让他们自愿参与脱贫。（4）完善市场环境。为推动贫困地区农业的现代化发展，鼓励四类新型农业经营主体带动贫困农户就业脱贫，还应加快农村土地制度等配套制度的改革，加快贫困地区的土地流转，有利于贫困农户接受适应新型农业经济的发展思维，进一步健全土地承包经营登记制度，让贫困地区农户的权益获得进一步保障。另外，还应完善贫困地区农业发展的配套措施，通过改革农产品流通体制，规范农资市场，让更多正规化的市场产品流入贫困地区，以及促进贫困地区的农产品更为广泛的流向城市。推动农业产业化、现代化和贫困地区工业化的共同发展，共同改善贫困地区的生存、生产环境，促进贫困地区的整体经济发展。

7.5.3　引导和加强社会组织的参与和监督作用

在政府脱贫攻坚中，政府依然是绝对的主导力量，社会组织是其中一支重要的力量。社会组织从事社会扶贫是一种新机制的选择，目的在于弥补政府扶贫工作中的不足。社会组织具有较强的合作意识，通过建立合作平台实现扶贫服务。例如，通过建立义工协会、志愿者公益组织平台，形成联合行动机制和网络行动平台，实现扶贫信息和资源的共享，有助于摆脱扶贫信息"碎片化"的现象，增强贫困人群的组织和程度，提升贫困人群相互支持的能力。此外，社会组织的积极参与也将增强扶贫资源使用的公开性、透明性和创新性，招标制度使得社会组织与政府直接面对面，在一定程度上加强了社会组织对政府扶贫工作的监督作用。因此，政府一方面可通过财政扶贫资金补助、资助、税收优惠的形式引导社会组织参与，另一方面还可以设立扶贫基金，建立由政府、社会组织、贫困县和行业专家等组成的"扶贫资金监管委员会"，负责对扶贫资金的投放、使用等进行跟踪监管。

7.5.4　建立、完善贫困地区配套社会保障体系

完善的贫困地区社会保障体系是农村财政扶贫资金投入与运行机制良好运行的重要基础。我国农村社会保障体系主要包括新型农村社会养老保险制度、农村合作医疗制度和农村最低生活保障制度，部分地区开展了农业养老保险服务试点。在我国城乡二元化的体制下，农村居民相对于城市居民所享有的社会保障水平较低，贫困地区的农户在此方面更是缺乏。对于贫困农户而言，社会保障体系有助于贫困农户短期和长期生活水平的改善，因此，建立完善、均等化的农村社会保障体系是政府投入财政扶贫资金发展产业项目让贫困农户脱贫的重要基础。一是完善农村贫困地区的最低保障制度。在农村贫困地区，由于自然环境较差，自然灾害频发，因病因残致贫的贫困农户尤其多，此外，由于农村劳动力的大规模转移，仅剩

的、无劳动能力的老弱病残此类贫困群体在贫困地区的比重十分庞大，而最低生活保障制度是改善这类人群贫困情况的重要方式之一，因此在现有的基础上，应广泛地让无劳动能力的贫困人群充分享受该项福利。二是普及新型农村合作医疗制度。因病、因残等是导致农户贫困的主要因素之一，政府除了改善这些贫困地区的医疗基础设施之外，还应大力推进新型农村合作医疗体系的广泛认知，并逐步降低农户和贫困农户的自付医疗部分，一方面让更多的贫困农户从中收益，另一方面防止因医疗费用过高而导致贫困和返贫的现象发生。三是财政资金鼓励、吸引商业保险进入农村市场。由于农村地区风险高、涉农成本高等问题，商业保险机构多不愿提供农业保险，政府为引入市场机制，可采用财政扶贫资金建立风险补偿机制或税收优惠支持政策吸引商业保险机构进入农村市场，为贫困农户提供符合其需求的保险机构给予增值税、所得税等税负减免，以保障贫困农户获得低费用和高保额的农业生产、生活保险，同时，也有助于政府将更多的扶贫资金投入农户的农业生产中，也起到了政府和市场双重保障贫困农户的作用，防止其难以脱贫和返贫现象的发生。四是建立社会保障法律体系。政府应通过法律体系的完善，切实保护贫困农户的平等合法权益。

第8章

研究结论与展望

8.1　研　究　结　论

改革开放以来，我国利用财政扶贫资金开展了大规模的农村反贫困工作，扶贫工作也取得显著成效。加快利用财政扶贫资金开展农村扶贫工作的过程中，难免会存在资金投入不精准、管理不恰当等运行环节一系列的问题。这与我国高速的经济发展与制度变革的滞后性相关，自 1978 年十一届三中全会以来，我国经济与社会的改革步伐不断加快，尤其是 1994 年前后的一系列财税改革，都为我国步入社会主义市场经济制度奠定了重要的基础，伴随着社会主义市场经济体制的不断完善与发展，以政府为主导的扶贫模式和财政扶贫资金为主的扶贫工作开展与市场经济的效率矛盾问题逐渐凸显。政府为主导的扶贫模式有利于处于弱势地位的贫困农户获得更为公平的脱贫机会，但财政扶贫资金规模和运行机制效率的有限性，在扶贫工作进入"啃硬骨头"进一步防范返贫新的时代背景下，亟须多元化的社会力量和资金加入反贫困的工作之中。

此背景下，本书首先在梳理政府提供财政资金扶贫的国内外现状和相关理论的基础上，构建了相对完善的优化农村财政扶贫资金投入与运行机制的理论框架，回顾了新中国成立以来财政扶贫资金不同扶贫阶段的内容与成效。其次，根据财政扶贫资金投入与运行机制的现状总结了近年来财政扶贫资金投入与运行所产生的具体扶贫成效，并提出现阶段财政扶贫资金投入与运行机制的各环节：投入、管理、分配、拨付和使用、绩效评价内部环节和社会资金帮扶外部影响机制存在的问题和原因，正是这些问题和原因，降低了农村财政扶贫资金投入与运行机制的运行效率，为验证效率降低的结论，采用 PCA 主成分分析方法和 DEA 支出效率模型对投入与运行机制的运行效率进行了较为系统的实证分析。最后，提出了优化财政扶贫资金投入与运行机制的相关建议。因此，本书得出的具体结论主要有：

（1）财政扶贫资金是指为缓解和消除农村贫困现象，我国中央与地方政府将各级财政收入中的专项部分用于农村贫困地区公共基础设施建设和服务，改善贫困农户农业生产和经营条件，带动贫困农户脱贫的财政专项扶贫资金。它与社会组织为主的其他扶贫资金和金融机构等提供的信贷扶贫资金在资金投入主体、来源方式、投入方向和优势方面存在较大差异，但其目标具有一致性，均是希望通过资金的投入可以帮助贫困地区和贫困农户实现自我发展逐渐摆脱贫困。而财政扶贫资金投入运行机制是在中央与地方五级政府管理制度下，利用中央财政专项资金和省（区、市）级、县级配套财政资金的投入，资金在不同利益主体之间进行分配、管理、拨付和使用、绩效评价的内部环节和社会力量提供其他扶贫资金的外部影响环节，共同构成的缓解和消除农村贫困的资金整体运用组合的形式。而各环节之间相互协调、互相促进，则是优化和促进财政扶贫资金投入与运行机制长效发展的必要条件。

（2）公共产品理论、公共选择理论、委托代理理论、公平与效率理论为优化农村财政扶贫资金投入与运行机制的研究奠定了理论基础，虽然这些理论部分最早源于对私人部门的分析，但基于现代财政学理论，私人部门与公共部门从管理角度上存在一致性，资金的运用均是两部门运行与发展中最重要的经济资源。因此，优化财政扶贫资金投入与运行机制是可选择性借鉴私人部门的做法，通过引入市场化机制，规范激励约束机制，提高部门各类主体的人力资源水平，降低交易成本等手段，从而切实提高财政扶贫资金的运行效率与减贫效果。

（3）优化财政扶贫资金投入与运行机制是顺应时代发展的产物。以"满足广大人民群众需求"为基点和重心的公共财政制度，要求公共支出的重要组成部分——财政扶贫资金投入与运行机制也应以满足广大贫困人口的需求为根本要求，并进一步完善政府转移支付制度，以实现地区间公共基本服务均等化。现实条件下，我国仍存在城市与农村、贫困地区之间、东中西部地区之间较大的居民收入差距，这就要求在财政扶贫资金总量特定的情况下，作为投入农村地区比重较大的财政扶贫资金，优化其整体运行机制从而达到提升资金所产生的减缓收入差距的效率和效果，也是协调城乡和区域发展差异的必要选择。此外，在社会主义市场经济制度下，优化机制不仅是缓解长期以来政府为主导的扶贫模式创新能力制约的路径，也是弥补社会力量不足、推动社会力量发挥应有扶贫作用的必然结果。

（4）财政扶贫资金自始至终作为农村扶贫的关键中心环节，对农村扶贫工作的顺利发展起到重要的推动和促进作用。近年来，随着财政扶贫资金的各项管理办法的出台，我国农村财政扶贫资金投入与运行机制更趋于规范化、高效化和制度化：地区间的财政扶贫资金投入和分配由模糊分配改为按主要因素法分配；财政扶贫资金也逐步开展整合管理试点；随着资金分配权和项目管理权下放到县、提前拨付资金的方式，促使扶贫资金的拨付更具时效性；资金使用的"负向清单"，扩大了财政扶贫资金的使用范围和方便了资金的使用管理；逐步完善的财政扶贫资金绩效考核机制，以及财政扶贫资金监测信息系统的建立，审计、财政、业务部门和社会舆论等多方参与的监管机制，辅助以社会组织、企业、定点和对口扶贫资金的外部运行机制，都一定程度上规范和完善了财政扶贫资金的投入与运行，对我国开展进一步精准扶贫清除实施体制和机制障碍起到基础性作用，有效保障了精准扶贫工作的顺利实施。

（5）财政扶贫资金投入与运行的过程中存在一些问题：第一，资金投入目标瞄准存在明显偏离。一方面，由于财政扶贫资金投入目标瞄准机制涉及资金投向、地区、人群和项目活动，系统开展难度大、复杂系数高，贫困人口又受主观自身弱势缺乏申请项目的意愿和动力，政府单方面开展扶贫项目分配；另一方面，由于政府各级信息不对称，"自下而上"反控制逻辑、选择性转化扶贫目标，资金项目投入完成后基层政府解体重组的现状、后续维护能力不足。第二，资金管理机制分散、缺乏有效整合。多层级政府共同参与和管理的资金项目机制，虽利于各部门发挥专业优势、提高效率，但资金部门分割严重，资金项目分散、协调成本高，很难形成合力；政府虽有意将资金进行整合到县政府，但由于实践相关项目、产业间整合空间有限，整合还停留在简单的扶贫项目合并阶段，同时整合相关部门还面临分管部门受县政府和上级主管部门决策的尴尬处境，都难以提高整合效率。第三，资金分配以点代面，分配博弈明显。为获取无偿财政扶贫资金，部分贫困县政府主观夸大贫困状况，依托农业龙头企业、农业专业合作社等新型农业经营主体，树立自身"良好"的示范，以此提高扶贫效果，以点代面，采取与上级政府博弈获取无偿扶贫资金分配。第四，资金使用效率较低，缺乏可持续性。一方面表现为在众多扶贫资金项目中，贫困农户资金受自身限制和项目参与度很低；另一方面表现为资金项目过于集中和单一化，导致市场范围缺乏竞争，一旦出现风险，贫困农户损失严重。第五，资金绩效评价机制导向仍不够健全。以政府为主体的绩效评价主体缺乏独立性，体系未能关注贫困群体的反贫困能力，缺乏对社会绩效和环境问题的评价指标建设。第六，社会化的扶贫资金参与不足，缺乏政府的引导和鼓励。

而产生这些问题的深层次原因，主要归结于我国政府分级管理下，项目制式的资金投入与科层制的目标冲突；项目资金委托代理存在科层之间的损耗；资金使用主体能力和素质落后；绩效评价主体缺乏三方监管；以及多年来政府为主的扶贫弱化市场主体行为思维模式等都是造成资金投入与运行机制存在问题的原因。

（6）利用我国不同省（区、市）和 2003～2017 年的全国扶贫数据，基于产出结构和投入结构两个维度，对我国农村财政扶贫资金投入与运行机制的运行效率进行了实证检验。可以得出：一是各省（区、市）扶贫工作开展中，中央财政扶贫资金仍占据主导地位。不同省份、不同年度的资金瞄准更倾向于大型基础设施项目，较少关注对贫困个体的项目需求和扶贫受益，脱贫个体的资金瞄准发生目标偏离，降低了资金的整体运行效率。二是中央和省级财政扶贫资金的多层管理难以避免层级损耗所造成的扶贫效率和效果降低，而一旦资金管理办法出台，财政扶贫资金的整体机制效率会明显提高。三是中央财政扶贫资金、省级财政扶贫资金和社会扶贫资金三种资金形式对扶贫产生的效率和效果的影响程度发现，社会扶贫资金的影响因子更为明显，验证了社会扶贫资金对扶贫工作开展具有明显的重要作用。

（7）从对美国、韩国、巴西、孟加拉国四国的扶贫资金投入与运行机制的经验中发现，美国作为多民族发达国家，在建设"社会保障安全网"实现对贫困人群的兜底方面，政府、市场和社会多元主体的扶贫资金投入来源，具有较大的优势和经验；韩国作为亚洲新兴经济体，财政支持的开发式扶贫在经济与文化全方位的资金项目投入，整村推进、激发村民高度积极性，设立高效统一的资金项目管理机构和制度，强化基层领导干部和农民培训四个方面对我国均具有借鉴意义；巴西作为发展中国家，财政与税收政策支持共同支持贫困地区发展的政策机制，政府干预的国家管理监督体系，多类型、多项目的配套财政反贫困措施都值得我国加以借鉴；孟加拉国的小额信贷，基于政府支持下建立专门扶贫贫困农户的银行，无抵押、多担保、商业利率的小额贷款，激发了贫困农户的市场意识并缓解了依赖政府帮扶的心态。四个国家虽然在国家性质和做法上有较大区别，但对我国现有的财政扶贫资金投入与运行机制，在明确资金投入、资金管理机制、主体脱贫能力的激发、政策引导社会力量参与脱贫方面都具有借鉴意义。

（8）为提高财政扶贫资金投入与运行机制的运行效率，应做到：一是实现扶贫资金投入目标与方向的精准化，具体从制定最基本的扶贫对象标准入手，实现建立层次化、差异化的资金投入目标识别标准；再从资金投入项目的目标瞄准入手，形成动态化、精准化的满足县、乡、村基本需求的目标瞄准机制；最后在资金投目标的精准方向上，还要注意处理资金投入中颇有争议的低保资金合作、产业扶贫项目投入与扶贫的关系。二是建立激励与约束并重的资金管理分配体系。为确保财政扶贫资金更为合理和规范使用，明确资金所涉主体的权利与义务，建议加快建立财政扶贫资金相关的法律管理机制；加快完善财政扶贫资金的资金整合统筹协调机制；为促进各层级资金管理主体与分配主体的利益相一致，还需进一步完善现有资金管理和分配的激励与约束机制。三是建立财政扶贫资金的使用利益连接机制。针对财政扶贫资金在使用中贫困农户自我发展脱贫的积极性不高、政府直接开展的产业扶贫目标瞄准贫困农户有待提高等问题，可将财政扶贫资金的使用与现行推广的合同方式、合作社方式、资产收益方式等进行搭配形成利益连接机制，以弥补贫困农户参与不足的问题。四是提升财政扶贫资金主体的人力资源水平。财政扶贫资金和项目运用不足的原因之一在于所涉主体自我能力和素质有限，针对于此，一方面应通过财政扶贫资金支持基础教育、职业教育和技术培训方式加强资金使用方——贫困人口的基本素质；另一方面通过提升引导脱贫的基层干部队伍的整体素质，达到充分发挥其领导、帮助贫困农户识别和带动脱贫的能力。五是完善财政扶贫资金的绩效评价体系建设。通过细化完善目标、原则、内容和指标、审计监督四个方面的财政扶贫资金绩效考核制度，发挥绩效评价体系对其他环节的重要影响作用。六是完善多元化、共赢的社会力量参与扶贫。通过明确政府资金为主、政府引导市场积极参与扶贫的功能定位，充分利用财政政策、税收政策调动市场化的扶贫模式发挥作用，引导和加强社会组织的参与和监督作用，建立、完善贫困地区的社会保障扶贫配套措施，以加快财政扶贫资金投入与运行机制的配套与合作机制的发展。

8.2　研究展望

财政扶贫资金投入与运行机制是中国特色社会主义制度下的政府反贫困措施，是中国反贫困事业长期以来的实践结果和合宜性的权衡措施，对中国乃至世界的反贫困事业的发展起到了卓越和突出的作用。可以预见，财政扶贫资金的投入与运行作为中国反贫困的主导措施，在今后长时间内将继续发挥支持贫困地区、贫困人口发展和引导社会力量参与扶贫的双重作用，也必然会有很多富有挑战性的问题需要进行深入和细致的研究。

（1）多维贫困视角研究财政扶贫资金的投入与运行。由于数据搜集的有限性，以及中国农村居民贫困的贫困状况具有的隐蔽性和特殊性的特征，本书主要侧重对财政扶贫资金投入与运行缓解收入角度的贫困提供了有限思路。"精准扶贫"思路下，财政扶贫资金投入与运行机制在多维贫困情况下如何采取更为具体、针对性的优化措施值得深入研究探讨。

（2）本书主要从财政扶贫资金引导金融机构和社会组织为主的社会力量参与扶贫的研究。财政扶贫资金投入与运行如何能够更好地引导金融资本和社会主体资金参与扶贫，如何解决两类资金在扶贫过程中面临的具体问题和采取具体措施，财政扶贫资金带动两类资金程度和效益如何，能否逐渐走向财政扶贫资金引导而非主导的设想，在我国社会主义市场经济制度下，为充分发挥市场的资源配置作用，这些问题的讨论和研究还有待补充和验证。

（3）脱贫攻坚与乡村振兴战略的衔接，2020年实现了现行标准下农村贫困人口全部脱贫，脱贫攻坚解决了农村绝对贫困问题，乡村振兴战略是脱贫攻坚的持续战略，财政扶贫政策如何衔接乡村振兴下的财政支农政策将成为进一步研究的重要课题，本文在此方面的讨论与研究还有待于补充与加强。

参 考 文 献

[1] 阿道夫·A.伯利、加德纳·C.米恩斯：《现代公司与私有财产》，甘华鸣、罗锐韧、蔡如海译，商务印书馆 2005 年版。

[2] 阿弗里德·马歇尔：《经济学原理》，康运杰译，华夏出版社 2013 年版。

[3] 阿瑟·奥肯：《平等与效率——重大抉择》，华夏出版社 2010 年版。

[4] 保罗·A.萨缪尔森·威廉、诺德豪斯：《经济学》，于健译，人民邮电出版社 2004 年版。

[5] 鲍曙光：《农村基本公共服务制度研究》，财政部财政科学研究所学术论文，2014 年。

[6] 毕祯：《河北省财政扶贫绩效评价指标体系研究》，燕山大学学术论文，2012 年。

[7] 布坎南、马斯格雷夫：《公共财政与公共选择：两种截然不同的国家观》，承耀译，中国财经出版社 2001 年版。

[8] 蔡昉、陈凡、张车伟：《政府开发式扶贫资金政策与投资效率》，载《中国青年政治学院学报》2001 年第 2 期。

[9] 曹莹：《农村财政扶贫资金管理的问题与对策分析》，载《中国管理信息化》2015 年第 6 期。

[10] 陈爱雪：《层次分析法的我国精准扶贫实施绩效评价研究》，载《华侨大学学报》2017 年第 1 期。

[11] 陈立中：《收入增长和分配对我国农村减贫的影响——方法、特征与证据》，载《经济学（季刊）》2009 年第 2 期。

[12] 迪帕·娜拉杨、兰特·普利切卡特：《社会资本：一个多角度的试点》，中国人民大学出版社 2005 年版。

[13] 范武迪：《陕甘宁革命老区产业化扶贫研究》，甘肃农业大学学术论文，2016 年。

[14] 弗里德利希·冯·哈耶克：《个人主义与经济秩序》，邓正来译，复旦大学出版社 2012 年版。

[15] 宫留记：《政府主导下市场化扶贫机制的构建与创新模式研究——基于精准扶贫视角》，载《中国软科学》2016 年第 5 期。

[16] 郭宏宝、仇伟杰：《财政投资对农村脱贫效应的边际递减趋势及对策》，载《当代经济科学》2005 年第 9 期。

[17] 郭佩霞：《政府购买 NGO 扶贫服务的障碍及其解决——兼论公共服务采购的限度与取向》，载《贵州社会科学》2012 年第 8 期。

[18] 韩震：《农业产业化扶贫的政策效果及影响因素研究》，广西大学学术论文，2015 年。

[19] 胡鸣铎：《政府部门与非政府部门贫困治理合作机制研究——以社会主义新农村为视角》，载《河北经贸大学学报》2013 年第 4 期。

[20] 胡绍雨：《财政投资对我国农村反贫困影响效应分析》，载《农村经济》2009 年第 4 期。

[21] 黄承伟、覃志敏：《贫困地区统筹城乡发展与产业化扶贫机制创新——基于重庆市农民创业园产业化扶贫案例的分析》，载《农业经济问题》2013 年第 5 期。

[22] 黄词捷、石芸：《贫困户优先股：现代农业发展方式下的财政资金扶贫新路径——以崇州市王场镇东风村清源土地股份合作社为例》，载《中共乐山市委党校学报》2016 年第 6 期。

[23] 黄万华、陈蒿：《农村能力贫困、权利贫困与农民阶层固化、政府信任感——以湖北省鄂东北农村地区为例》，载《经济论坛》2014 年第 4 期。

[24] 贾奇锋：《财政资金扶贫效率研究》，西南财经大学学术论文，2007 年。

[25] 匡远配、何忠伟、汪三贵：《县乡财政对农村公共产品供给的影响分析》，载《南方农村》2005 年第 4 期。

[26] 雷永葆：《基层财政扶贫资金管理的问题与对策》，载《财会学习》2017 年第 7 期。

[27] 李文：《财政扶贫的效率损失——基于财政激励视角的县级面板数据分析》，载《经济问题》2014 年第 5 期。

[28] 李小云、唐丽霞、许汉泽：《论我国的扶贫治理：基于扶贫资源瞄准和传递的分析》，载《吉林大学社会科学学报》2015 年第 4 期。

[29] 李小云、唐丽霞、张雪梅等：《我国财政扶贫资金投入机制分析》，载《农业经济问题》2007年第10期。

[30] 李小云、于乐荣、齐顾波：《2000～2008年中国经济增长对贫困减少的作用：一个全国和分区域的实证分析》，载《中国农村经济》2010年第4期。

[31] 李小云、张雪梅、唐丽霞：《我国中央财政扶贫资金的瞄准分析》，载《中国农业大学学报》2005年第3期。

[32] 李志平、张明黎、喻璨聪：《我国扶贫资金使用效率的提升策略研究——基于2002-2014年的数据》，载《皖西学院学报》2016年第3期。

[33] 联合国首脑会议：《变革我们的世界：2030年可持续发展议程》，联合国出版物，2015-09-25：5-6.

[34] 林鹏生：《农村公共产品供给现状及对策研究》，载《财政研究》2008年第4期。

[35] 刘克崮、沈炳熙等：《中国农村扶贫金融体系建设研究——基于甘黔贵金融扶贫案例》，载《财政科学》2016年第1期。

[36] 刘明慧、侯雅楠：《财政精准减贫：内在逻辑与保障架构》，载《财政研究》2018年第7期。

[37] 刘穷志、吴晔：《收入不平等与财政再分配：富人俘获政府了吗》，载《财贸经济》2014年第3期。

[38] 刘永富：《"返贫"是没有根本脱贫》，南方周末网，2018年1月10日。

[39] 刘昱含、宗传磊：《在精准扶贫工作中财政专项资金使用中存在的问题及建议》，载《财经界（学术版）》2016年第4期。

[40] 罗尔斯：《正义论》，何怀宏、何包钢、廖申白译，中国社会科学出版社2009年版。

[41] 罗建峰：《财政扶贫资金审计监管的无影灯效应改进研究》，载《中国市场》2017年第6期。

[42] 迈克尔·伍考克：《社会资本与经济发展》，张慧东译，社会科学文献出版社2000年版。

[43] 秦建军、武拉平：《财政支农投入的农村减贫效应研究——基于中国改革开放30年的考察》，载《财贸研究》2011年第3期。

[44] 冉光和、蓝振森、李晓龙：《农村金融服务、农民收入水平与农村可持续消费》，载《管理世界》2016年第10期。

[45] 任强：《公共服务"减贫"：理论、问题及对策》，载《财政研究》2009 年第 10 期。

[46] 石树鹏、殷兵：《财政扶贫资金投向及使用效益问题探讨》，载《农村财政与财务》2006 年第 11 期。

[47] 宋艳：《新疆财政扶贫资金管理问题研究——以洛浦县和福海县为例》，载《新疆大学学报》2011 年第 2 期。

[48] 孙淑芳：《关于农村财政扶贫资金运作现状及管理策略》，载《农业经济》2015 年第 12 期。

[49] 孙文中：《创新中国农村扶贫模式的路径选择——基于新发展主义的视角》，载《广东社会科学》2013 年第 6 期。

[50] 汪三贵：《在发展中战胜贫困——对中国 30 年大规模减贫经验的总结与评价》，载《管理世界》2008 年第 11 期。

[51] 王朝阳、余玉苗、袁灵：《财政扶贫与县域经济增长的实证研究》，载《财政研究》2012 年第 6 期。

[52] 王振颐：《生态资源富足区生态扶贫与农业产业化扶贫耦合研究》，载《西北农林科技大学学报（社会科学版)》2012 年第 6 期。

[53] 文秋良：《经济增长与缓解贫困：趋势、差异与作用》，载《农业技术经济》2006 年第 3 期。

[54] 肖维歌：《农村扶贫项目资金运行机制与模式研究》，载《西南财经大学》2001 年第 11 期。

[55] 尹昌文、王正强：《财政性扶贫资金使用管理中存在的问题及对策》，载《中国审计报》2015 年 12 月 7 日。

[56] 攸频、田菁：《贫困减少与经济增长和收入不平等的关系研究——基于时序数据》，载《管理科学》2009 年第 4 期。

[57] 于鸿洋、崔琳琳等：《财政扶贫资金综合绩效统计评价体系分析》，载《经济研究导刊》2017 年第 5 期。

[58] 余国新、刘维忠：《新疆贫困地区产业化扶贫模式与对策选择》，载《江西农业学报》2010 年第 7 期。

[59] 曾福生、曾小溪：《基本公共服务减贫实证研究——以湖南省为例》，载《农业技术经济》2013 年第 8 期。

[60] 曾毅佳：《新阶段江西省产业化扶贫对策研究》，南昌大学学术论文，2014 年。

[61] 曾志红、曾福生：《国定贫困县农村扶贫资金使用效率评价——

基于湖南 20 个县 2006 - 2011 年的数据》，载《湖南农业大学学报（社会科学版）》2013 年第 5 期。

［62］张苹：《中国经济增长与贫困减少——基于产业构成视角的分析》，载《数量经济技术经济研究》2011 年第 5 期。

［63］张海军：《财政金融角度的精准扶贫研究——以福建省宁德市为例》，载《上海立信会计金融学院学报》2017 年第 2 期。

［64］张林秀、樊胜根、张晓波：《系统模型在实证经济分析中的应用介绍——以农村公共投资研究为例》，载《南京农业大学学报（社会科学版）》2003 年第 2 期。

［65］张伟宾、汪三贵：《扶贫政策、收入分配与中国农村减贫》，载《农业经济问题》2013 年第 2 期。

［66］周孟亮、彭雅婷：《我国金融扶贫的理论与对策——基于普惠金融视角》，载《改革与战略》2015 年第 12 期。

［67］朱建华：《金融扶贫视角下欠发达地区农业产业化发展研究——以贵州省为例》，载《农村经济与科技》2015 年第 12 期。

［68］Can L., Jinzhi L., Runsheng Y. et al. An estimation of the effects of China's priority forestry programs on farmers' income ［J］. Environmental Management, 2010, 45 (3): 526 - 540.

［69］C. Elbers, P. F. Lanjouw, J. A. Mistaen, B. Ozler and K. Simler. On the unequal inequality of poor communities ［J］. World Bank Economic Review 18, No. 2 (2009): 401 - 402.

［70］Chengchao W., Yusheng Y., Yaoqi Z. et al. Rural household livelihood change, fuelwood substitution, and hilly ecosystem restoration: Evidence from China ［J］. Renewable & sustainable energy reviews, 2012, 16 (5): 2475 - 2482.

［71］Jianping G., Yalin L.. Mining development, income growth and poverty alleviation: A multiplier decomposition technique applied to China ［J］. Resources policy, 2013, 38 (3): 278 - 287.

［72］Kenneth S., August F. H., Brantley J. A potential role of anti-poverty programs in health promotion ［J］. Preventive Medicine, 2016.

［73］Korir J. J.. The effects of microlending on poverty alleviation in rural kenya—A case study of kinango constituency ［J］. The International Journal of Business & Management, 2015, 3 (10): 429 - 451.

［74］ Oladoja M. A. , Olusanya T. P. , Adedeji L. L. et al. Poverty alleviation through extension education among Fulani pastoralists in Yewa North Local Government Area of Ogun State, Nigeria ［J］. Journal of food, agriculture & environment, 2009, 7 (2): 835 - 838.

［75］ Parikh P. , Fu K. , Parikh H. , Mcrpnoe A. and Georg. Infrastructure provision gender and poverty in Indian Development, 2015, Vol 15 (1): 21 - 31.

［76］ P. Bardhan and Mookherjee. Decentralisation and accountability in infrastructure delivery in developing countries. The Economic Journal 116, No. 508 (2006): 101 - 127.

［77］ Philip H. B. , Claudio A. A. & Diana P. G. . Public Finance, governance and cash transfers in alleviating poverty and inequality in Chile. Public Budgeting & Finance, 2010 (10): 1 - 23.

后　记

　　2015 年 8 月份，机缘巧合，我开始了关于扶贫领域的研究生涯，而此书的写作，是我开启扶贫领域研究的重要出发点，也是迎接我人生重要时刻的关键环节，其原因在于，本书是基于对贵州、甘肃、山东、浙江、广西、云南等贫困或低收入地区的调研成果，是我博士毕业的论文成果，因此无论是扶贫领域的实践研究，或是我个人研究生涯的开启都具有非常重要的现实意义。脱贫攻坚一直是习近平总书记关注的大事，也是中国推进经济社会稳定发展的关键。党的十九大更是明确把精准脱贫作为决胜全面建成小康社会必须打好的三大攻坚战之一。近年来，中央和地方政府加大了财政扶贫资金的投入，财政扶贫资金的使用效果如何，对此，我希望进一步进行探讨，以此为出发点，我开始了该项主题的研究。研究期间，一方面我搜集了大量的文献资料，另一方面，我跟随国家开发银行原副行长刘克崮行长《构建中国农村扶贫金融体系建设研究》团队，对贫困地区开展进入金融扶贫、财政与金融共同推进扶贫工作进行了深入调研，形成了一系列的研究成果，获得了国家级领导人的批示，同时，基于研究成果与自身专业，我开始着手写作财政扶贫资金投入与运行机制优化问题的研究，该研究同时获得了中国财政科学研究院青年招标课题《财政扶贫资金投入与运行机制的资源配置效率优化问题研究》的资助，并最终形成了此书。

　　在此，我要感谢国家开发银行原副行长刘克崮行长、中国财政科学研究院副院长白景明、首都经济贸易大学财税学院赵仑教授和李红霞教授对本研究的指导，感谢经济科学出版社李洪波社长以及编辑们对本书出版发行提供的鼎力支持，感谢我的家人、亲人和朋友对我研究的指导。但由于时间紧张，本书难免有些不足之处，希望业内专家和学者不吝指教。

刘大诹

2020 年 6 月 10 日北京新知大厦